MAURICE GUILLEMOT

Villégiatures d'Artistes

Illustré d'après des Photographies inédites

PARIS
ERNEST FLAMMARION, ÉDITEUR
26, RUE RACINE, PRÈS L'ODÉON

VILLÉGIATURES
D'ARTISTES

DU MÊME AUTEUR

Les lettres d'un amant, psychologie, avec une préface par Alexandre DUMAS fils. 1 volume.

La mort de Pierrot, nouvelles, sous couverture d'Adolphe WILLETTE, avec portrait-frontispice, par Jules CHÉRET, et illustrations par BALLAVOINE, BÉTHUNE, CLAIRIN, DETAILLE, DUBUFE, GEOFFROY, HEILBUTH, HENNER, JEANNIOT, J.-P. LAURENS, PUVIS DE CHAVANNES, ROCHEGROSSE, ROLL, WILLETTE. 1 volume.

Amour et deuil, roman intimiste, sous couverture à l'aquarelle, par José ROY. 1 volume.

Pour paraître prochainement :

Affres d'adultère, avec préface de Jules CLARETIE.
La réalité du bonheur, 1 volume illustré.
Le carnet d'un papa, 1 volume illustré.
La branche de lilas, roman.

THÉATRE

La Sphinge, drame en 3 actes, en collaboration avec M. ETTORE DALLA PORTA.

IMPRIMERIE E. FLAMMARION, 26, RUE RACINE, PARIS.

MAURICE GUILLEMOT

VILLÉGIATURES

D'ARTISTES

PARIS

ERNEST FLAMMARION, ÉDITEUR

26, RUE RACINE, PRÈS L'ODÉON

Tous droits réservés.

A

Mᴹᴱ ALPHONSE DAUDET

HOMMAGE

RESPECTUEUX ET RECONNAISSANT

EN SOUVENIR

DES JEUDIS DE CHAMPROSAY

M. G.

« Les fleurs colorent tout l'air du jardin, comme elles le parfument ; des rayons roses, blancs, jaunes, flottent autour d'elles. On dirait qu'elles se vaporisent, leurs regards vivants fixés au soleil, droites, fraîches, si fières de vivre et si promptes à mourir. »

« M°¹ Alphonse Daudet. »

(*Fragments d'un livre inédit.*)

AVANT-PROPOS

ÉTIOLLES

VILLÉGIATURE D'ANTAN

Château d'Étiolles, août 1896.

... En un coin du parc, la pièce d'eau met parmi les pelouses et les futaies une clarté de miroir qu'on ne peut deviner, l'entour étant fait de grands arbres qui la ceinturent de rameaux épais. Des peupliers, des frênes, des saules laissent pleurer leur feuillage dans l'eau verte que frise le vent et qu'ornent deux cygnes familiers à la blancheur glissante; leur cahute, au toit de chaume, est presque

dissimulée en un retrait de berge, non loin du petit pont qui relie à la rive un îlot étroit servant d'embarcadère pour les promenades en bateau.

L'endroit est très calme, très agreste, ne paraissant plus du tout fait de la main des hommes, les années, depuis le XVIIIe siècle, ayant paré le décor d'une vétusté merveilleuse.

Les oiseaux blancs, avec leur élégance insouciante, leur vie monotonement heureuse, leur béatitude d'isolement, semblent dater, eux aussi, du temps de la Pompadour, continuer de cette époque une absolue distinction de coquetterie.

Ils nagent, très lents, le col renversé entre les deux épaules, leurs ailes neigeuses faisant comme les bras d'une ottomane, c'est leur poitrail qui, à l'instar

d'une proue, fend l'eau, tandis qu'ils se poussent en avant par des coups de leurs pattes palmées.

Le décor est enchanteur.

Des voûtes d'ombre dont l'œil ne pénètre pas la profondeur sont quasi des passages, comme des tunnels de feuilles, conduisant à d'autres miroirs liquides. Les chants des oiseaux, clarifiés par toute cette eau, ont, en cet endroit, une exquise fraîcheur, leur gazouillement, qui anime seul le paysage, s'envole en des trilles gracieux, ailés presque...

Qui donc est venu en ce chemin de pourtour où nous sommes ?

Quelles paroles ont été dites ?

Les galanteries de M. de Voltaire se sont évanouies dans l'atmosphère aussi bien que le visage de Mme Poisson s'est effacé de l'onde dans laquelle elle se mirait. « La nature seule est restée », selon l'éloquente et mélancolique romance de Lamartine, et la beauté, l'amour, la mignardise, la volupté, tout cela nous l'évoquons et le retrouvons dans le charme intense que nous procure la pièce d'eau qui somnole en ce coin de parc.

> Pompadour, vous embellissez
> La cour, Parnasse et Cythère,
> Charme de tous les cœurs, trésor d'un seul mortel...

Le poète galantin a commis çà et là un tas de jolis petits vers pour celle qu'il avait nommée « la belle Pompadourette », il se souvient de

> Ce Tokai dont Votre Excellence
> Dans Étiolles me régala...

Est-ce en mémoire de cela qu'il l'appelle aussi « la divine d'Étiolles ».

Dans sa correspondance, il parle souvent du château, et, de revivre ce passé, cette histoire de la favorite qui partit de là pour gouverner la France, incite à une délicieuse évocation, on voudrait pouvoir interroger ces témoins, hélas! muets, les murs du grand salon, les pavés de la cour des communs, les vieux vases qui ornent l'entrée de l'abreuvoir, et aussi ces arbres centenaires dont l'ombre a été nid à baisers, ces futaies où l'on a soupiré des madrigaux, ces allées où passèrent tant d'élégance, de jeunesse, de beauté, d'amour.

D'avoir vécu là deux étés, heureux d'une hospitalité charmante, dans ce décor historique qui vit, en juillet 1861, l'Impératrice des Français — autre ombre disparue! — après avoir été la demeure de Mme Lenormand d'Étiolles, marquise de Pompadour, de séjourner un instant en cette somptueuse habitation toute vibrante de souvenirs, nous a fait regretter l'absence d'un touriste d'autrefois, comme nous avons essayé ici de l'être pour les villégiatures de notre temps.

Cette lacune que nous déplorons, nous avons voulu la combler pour les documentations de l'avenir.

M. G.

CHAMPROSAY

Chez ALPHONSE DAUDET

CHAMPROSAY

A l'orée de la forêt de Sénart, entre Draveil et Soisy-sous-Étiolles, des maisonnettes blanches, des jardinets soignés, toute une coquetterie de villégiature aisée, à l'ombre du clocher de la *Petite Paroisse* — la mignarde église où les touristes s'arrêtent maintenant en souvenir du livre de Daudet — c'est Champrosay, une jolie oasis de cette banlieue pittoresque que le romancier connaît bien, et que son *Solitaire* a décrite en son journal.

L'ancienne maison de Delacroix, en face la montée du pont, est à louer ; Daudet l'a quittée pour une demeure plus importante qu'il est curieux de connaître avec son jardin en déclivité jusqu'à la Seine, sa prairie où gambadent les deux petits ânes africains de Mlle Edmée, avec ses charmilles, ses vergers, ses tonnelles, et ses pavillons disséminés çà et là, salle d'escrime, atelier de peinture de Lucien — le second fils, élève de Jean-Paul Laurens — logis du secrétaire, lieu de repos et de solitude pour le maitre aux lourdes heures d'été.

La maison est grande, pas trop, le séjour très animé de Léon Allard et ses filles, de Léon Daudet — quelqu'un de demain, déjà d'aujourd'hui — des amis de Paris qui débarquent le jeudi : le spirituel architecte Frantz Jourdain et sa « gentte » famille ; M. et Mme Émile Zola, une fois l'an, etc. C'est le jour de congé pour le travailleur qu'est Alphonse Daudet ; l'écriture chôme ; on reçoit dans le jardin, et, le soir, on met des rallonges pour la tablée nombreuse tout animée des récits de l'amphitryon, conteur verveux et plein de

charme. De l'entour, des villégiaturants sont invités : Coppée, qui vient de Mandres; Larroumet, de Villecresnes; Alphonse Pagat, de Bois-le-Roi; les Demont-Breton, de Montgeron; Nadar, de son ermitage dans la forêt, et ce sont des heures exquises — où l'on s'observait un peu quand M. de Goncourt était là, M. de Goncourt et son « Journal ».

Les jeudis de chez Daudet, qui s'en fera l'historien, maintenant ?

Qui dira la charmante hospitalité de Mme Daudet, qui ne se contente pas d'être un écrivain de talent séducteur, mais est encore une accueillante maîtresse de maison ?

.·.

Grand *souffreur*, selon son expression énergique, Alphonse Daudet se promène beaucoup en voiture et pratique les environs; il aime — et il a raison de les aimer — ces paysages ravissants qu'arrose la

Seine, propre avant Paris, l'Yères qui est une miniature de fleuve courant sous un dôme de verdure,

> Un géant altéré la boirait d'une haleine,

l'Orge qui traverse des villages coquets.

Et puis il y a la route, ce leit-motiv de *la Petite Paroisse*, la route bordée de propriétés superbes, la route limitant, en face d'Évry-Petit-Bourg, le parc du château d'Étiolles; il y a aussi la forêt, la forêt de Sénart, giboyeuse et proprette, aux routes bien entretenues, aux barrières blanches empêchant trop de vulgarisation, aux maisons de gardes toutes remuantes et sonores d'abois de chiens.

*
* *

Toujours le joli profil avec l'œil de cheval arabe, les cheveux longs encadrant la figure, la barbe en pointe, où il a neigé, la parole vibrante et les mains blanches, Alphonse Daudet ressemble encore — le peintre Carrière a trop vu le malade en son impressionnante lithographie — au portrait qu'en fit Banville dans ses *Camées parisiens :* « Une tête merveilleusement charmante, la peau d'une pâleur chaude et couleur d'ambre, les sourcils droits et soyeux ; l'œil enflammé, noyé, à la fois humide et brûlant, perdu dans la rêverie, n'y voit pas, mais est délicieux à voir. La bouche voluptueuse, songeuse, empourprée de sang ; la barbe douce, l'abondante chevelure brune, l'oreille petite et délicate, concourent à un ensemble fièrement viril, malgré la grâce féminine. »

Tout cela est juste, il y faut ajouter un peu d'automne, la rouille des feuilles commence à joncher les tapis de gazon ; dans le soir, la brise emporte les souvenirs des années mortes.

Et il parle, il conte, il mime, il joue, il est un merveilleux acteur de ses propres récits ; il parle comme il écrit, avec tout son tempérament, avec tout son art, avec toute sa mémoire ; à l'écouter, c'est de la *copie* qui vous tombe, et de la bonne copie, la meilleure peut-être de ce temps. Ce fut merveille, ainsi, de lui entendre parler ces *ultima* qu'il a consacrées aux dernières heures d'Edmond de Goncourt.

Cette éloquence de styliste est pleine de charme, l'homme est du reste un séducteur, aussi l'auditoire est nombreux, — il pourrait même s'augmenter si tous ses obligés s'y joignaient.

Quoi qu'on die, il est bon, Alphonse Daudet, ce fin ironiste est un excellent frère en humanité, et, si l'aveu de la reconnaissance ne paraissait pas à d'aucuns une sorte d'infériorité, que de scribes de maintenant devraient l'appeler « patron » et lui adresser cette dédicace émue de Hugues Le Roux, un qui n'a pas oublié, celui-là :

« Les pieuses personnes ont coutume d'accrocher dans les églises de petites plaques louangeuses où elles exaltent, en quelques lignes dorées, le Bienheureux de leur choix...

« Ceci est mon *ex-voto*, cher patron, que j'ai autrefois invoqué dans le ressac et qui m'avez conduit au port. »

Le petit omnibus de famille ne suffirait plus pour reconduire les convives à la gare de Ris-Orangis.

LA FRAISIÈRE

Chez FRANÇOIS COPPÉE

LA FRAISIÈRE

Habillé d'un complet gris de velours à côtes, en gentilhomme campagnard tout à fait, le chapeau mou bossué mis en arrière à la bonne franquette, la figure souriante bien que toujours un tantinet maladive, François Coppée est heureux de montrer son domaine, sa maison des champs.

Elle est *confortable*, du reste, cette vieille habitation que des bas-reliefs clodionesques semblent dater. Elle est jolie surtout par son jardin aux sentes étroites qui zigzaguent sous les charmilles, par son grand verger aux allées droites, façon Le

Nôtre, par ses champs de fleurs et son belvédère d'où la vue s'étend sur tout le plateau de la Brie, limitée à gauche par les futaies de Gros-Bois, le magnifique majorat du prince de Wagram.

Comme nous arrivions au sommet du belvédère, je songeai naturellement au fameux cèdre du Jardin des Plantes, et Coppée me rappela alors cette remarque de Flaubert : « Ce qui étonna le plus Bouvard et Pécuchet, c'est qu'un pareil arbre ait été apporté dans un chapeau. » Les grotesques et légendaires bonshommes, s'ils passaient par Mandres, pourraient s'étonner encore, car il y a de beaux arbres à La Fraisière, chez Coppée.

Cette citation littéraire haussa un instant le ton de la causerie consacrée aux charmes de la campagne, aux ennuis du propriétaire qui est obligé de faire réparer une serre démantelée, à la joie des récoltes de fruits, et à la très naturelle vanité satisfaite du baptême d'une rose, car il y a maintenant la rose Coppée. Le parrain a raconté l'aventure dans une page de *Mon franc parler*, mais ce qu'il n'a pas dit, c'est que sa filleule a les honneurs de la contrefaçon... en papier : la maison Virot mit en vente la rose Coppée pour chapeaux — la poésie mène à tout.

François Coppée est un sympathique, non dans le sens banalisé dont on abuse pour tel ou tel, mais dans la véritable acception du mot : un pour qui l'on a de la sympathie; en un article de critique littéraire on pourrait ajouter : de l'admiration.

Sans la spirituelle fantaisie de Banville, sans la folie géniale de Hugo, sans l'amertume maladive de Beaudelaire, sans la magie évocatrice de Leconte de Lisle, sans la sériosité de Sully-Prudhomme, sans les vouloirs d'originalité de ceux de maintenant, il est resté un humble, le poète des *Humbles*.

Regardant l'entour immédiat de la vie de tous les jours, il a chanté les petites gens, il a dépeint la mélancolie des faubourgs, et si, dans ses drames, il s'est haussé à la grandiloquence cornélienne, dans ses volumes de vers, dans ses contes, dans ses romans il demeura fidèlement le spectateur ému des êtres et des choses réels, lui aussi, il peut se targuer de naturalisme, lui qui jadis fit une petite révolution dans le Landerneau versificateur avec son « épicier de Montrouge qui casse du sucre avec mélancolie », avec le pioupiou et sa payse dans le jardin du Luxembourg, avec ses intimités, exquises aquarelles, jolies comme un croquis de de Nittis :

Oh, le premier baiser à travers la voilette !

C'est dans ce terre à terre merveilleux qu'il faut chercher la raison du grand succès de Coppée, de sa célébrité coutumière.

Lorsque le poëte se fit journaliste, c'est-à-dire consentit à écrire chaque semaine sur l'actualité ou à propos d'elle, il fut tout de suite le chroniqueur favori du public : il a une brave simplicité bour-

geoise, il est cocardier, et ne se cache pas d'un chauvinisme à la Béranger :

Ah, parlez-nous-en, grand'mère !

il a le culte du pays, et sans grands gestes, et sans grands mots, s'affirme un bon Français de France, comme dit Déroulède.

Et puis il griffonne pour les lecteurs ainsi qu'il causerait avec vous, on a la sensation d'une cordiale conversation, et pour qui le connaît, la note est exacte. Il vous parle des événements, touche un mot de la vilaine politique, suit les nouvelles, et tout à coup pense aux roses de son jardin, aux ronrons de ses chats, vous entretient de ses affaires, livre lui-même ces indiscrétions dont on est si friand, n'a pas de pudeur pour sa pauvre santé, avoue ses rhumatismes, vous tient au courant de ses voyages, vous conte ses saisons d'eaux, se met son existence et lui-même en copie. Pareil au sage, il a une maison de verre, et l'on peut regarder, il vous y invite.

Francisque Sarcey aussi passe pour avoir cette bonhomie, mais il se soucie peu d'une écriture artiste, chroniquant en manches de chemise, les bretelles lâches. Coppée a une ceinture rouge, lui, comme le gilet de Gautier.

Il ne lutte pas, ne ferraille pas, ne polémique pas, mais, en bon poète, il a pitié, — c'est sa fonction.

Ce n'est jamais en vain qu'on fait appel à lui. On sait que sa parole porte sur le public ; d'ailleurs il se préoccupe de certains côtés de la question sociale, et c'est un émouvant réquisitoire, ce *Coupable*, son dernier volume.

Jack est une victime de sa mère, le héros de Coppée est une victime de la société, et malgré une ironie momentanée, un sourire qui grince, l'œuvre se poursuit très simplement, les faits parlent par eux-mêmes, l'action est nue, c'est l'historique d'une vie, d'une vie navrante, malheureuse, maudite ; le sentimentalisme mélodramatique est mélangé en certaines pages d'une drôlerie de gavroche amusante, et l'académicien ose parler argot comme un gamin de Paris qu'il est resté.

Il ne pose pas, Coppée, il ne s'en fait pas accroire, selon l'expression des gens du peuple, et c'est pour cela que nous l'aimons. Les honneurs ne l'ont pas grisé, la fortune ne l'a pas changé, il est l'accueillant confrère toujours, le cœur ouvert, la poignée de main franche, et c'est avec émotion, avec joie, sans une parcelle d'envie, qu'on le voit glorieux, riche, heureux de sa maisonnette à la campagne, menant une existence si charmante en compagnie de sa sœur Annette, l'air d'un grand enfant bien soigné, dorlotté, aimé, comme un éternel convalescent par la religieuse qui le garde...

Bien que les demeures de villégiature soient généralement des lieux de relégation pour les bibelots d'art, pour tout ce décor du « home » dont on est si passionné de notre temps, il y a tout de même à regarder et à noter dans la Fraisière, ne serait-ce que cette œuvre exquise, hélas! inachevée, de Delaplanche, le sculpteur idéaliste, le buste de Segond-Weber, ou mieux, Weber tout court, dans *les Jacobites*. Après ce triomphal succès à l'Odéon qui fut pour l'actrice une révélation, la jeune femme avait consenti à venir poser, mais grisée par la gloire soudaine et devenue étoile — étoile filante, pourrait-on dire méchamment — elle n'eut bientôt plus un seul instant à accorder au sculpteur, et le buste, qui aurait été et qui est une très gracieuse et fine chose, ne fut pas terminé. Mme Delaplanche, à la mort de son mari, en fit don à Coppée qui l'a sur une stèle devant sa table à écrire. Un tableautin fait avec *le Passant*, très ancien souvenir; un fusain d'Allongé; une image du maître de céans trop ressemblante pour ne pas être signée Bernstamm, et un portrait de la sœur Annette, l'ange-gardien du poète depuis... toujours; puis, de vieilles gravures, et des livres, des livres, sur des rayons, parmi des tables — vers du débutant adressés à la bienveillance de l'ancien Parnassien, ouvrages de morale que guettent les récompenses académiques, *in-quarto* grave des confrères de l'Institut.

Le cabinet de travail a une porte-fenêtre ouvrant sur le jardin. La campagne au loin est très calme ; on n'entend pas les trains, quoique la station soit proche, et, en regardant évoluer la fumée bleue des cigarettes, c'est d'une intimité charmante.

Le bourg de Mandres, lui-même, est un endroit paisible avec ses trois rues qui s'intersectent, devant la mairie, à une petite place plantée d'arbres, quinconce de banlieue. L'académicien, qui sera peut-être un jour maire de l'endroit, y est connu par son petit nom. Le cycliste, venant là pour la première fois, arrêta sa *Souplette*, demanda où demeurait M. Coppée ; l'homme qui le renseigna, un ouvrier en bourgeron bleu, répondit :

« Monsieur François ? c'est là-bas, à gauche, dans la rue avant la gare. »

Jadis des paysans, à Meudon, de l'autre côté de Paris, disaient aussi : « Maître François, » sans souci du véritable nom, ce qui prouve que, pour la gloire, l'auteur de *Pour la Couronne* a bien fait de ne pas garder ce Francis dont il signa — sa première chose peut-être — *Monsieur le Marquis*, nouvelle parue dans le *Monde Illustré* du 16 août 1862.

Brrr! comme ça remonte loin. Les œuvres, ainsi que les dictionnaires, commettent de ces indiscrétions.

« Monsieur François », c'est de la popularité, cette gloire en gros sous, et on aurait tort d'en faire fi surtout quand il s'y ajoute, comme dans le cas présent, la sympathie émue de tous ceux qui ont compati aux délicieuses *Intimités* — et l'estime respectueuse des grands confrères.

Coppée n'a pas d'envieux, c'est un sage.

VIROFLAY

Chez JULES CLARETIE

VIROFLAY

Au moment qui berçait si mollement son rêve,
Quand l'étang s'assombrit et quand au ciel se lève
　　La divine étoile du soir.

C'est à cette heure-là et à la fin d'août, lorsque les fortes chaleurs de l'été sont passées, lorsque les masses d'arbres commencent à s'éclaircir, les premières feuilles s'en allant déjà au vent d'automne, qu'il fait bon visiter ce joli coin de pays qui a enchanté jadis l'auteur de *la Comédie humaine* et où vécut le père Corot.

Des bois qui sont sur la colline, quand on domine les étangs, le spectacle est ravissant au coucher du soleil, un peu avant le crépuscule : les bords de l'eau, abrités d'arbres qui avancent au-dessus de la nappe tranquille, ont des retraits d'ombre profonds où, par instants, l'on croit distinguer les nymphes du bonhomme; le milieu de l'étang ne présente, sous le jour qui pâlit, qu'une grande teinte plate d'aquarelle où se reflète le ciel et que zèbrent par endroits des roseaux et des joncs; on aperçoit, mollement bercées par le souffle du soir qui frise les eaux, des barques amarrées, d'une forme coquette, et là-bas, se découpant sur le fond qui s'obscurcit — caressé par les dernières lueurs du jour — le monument de marbre blanc, la tête aimable de Corot qui semble, avec son bon sourire et son doux regard, tout heureux de se trouver là, au milieu de cette nature qu'il a tant aimée.

De là, par les bois de Chaville, une oasis de verdure ravissante tout près de Paris, on arrive — c'est le chemin des écoliers que nous avons pris — à Viroflay, la station avant Versailles.

C'est là, en ce pays où toute la Révolution française a passé, torrent de lave épandu sur la route royale, que villégiature, depuis une quinzaine d'années, Jules Claretie qui eût été un historien s'il n'avait été un romancier, un chroniqueur, un dramaturge, et autre chose encore, Jules Claretie qui pourrait, sur sa carte, au-dessous de ses titres d'académicien et d'administrateur de la Comédie-Française, ajouter : *polygraphe*.

La rue des Marais, puis le chemin des Saussaies, une ruelle de village avec, de chaque côté, des maisonnettes de paysans, et, au tournant du premier chemin, une grille peinte en blanc à travers les barreaux de laquelle se voit un grand jardin ombreux aux massifs de fleurs soigneusement entretenus.

L'habitation, que Gambetta avait failli acheter avant de se fixer aux Jardies, et que Jules Claretie a peu à peu agrandie, est pittoresque avec son perron de bois, ses plaques de faïence, ses balcons de

Charlotte Corday et de Robespierre, sa salle à manger tendue d'une toile de tente à raies rouges, son salon tout gai d'une étoffe à fleurettes très XVIII° siècle, où se trouve, comme en famille, *la Promenade du Vaux-Hall* de Debucourt, son fumoir et cabinet de travail au plafond de solives saillantes peintes en marron, à la cheminée surmontée du portrait de Gabriel Ferrier vu aux Champs-Élysées et d'un buste de joli enfant bouclé qui, maintenant, lauréat du Concours général, est déjà avocat à la Cour, l'heureux possesseur de *Trim*.

Des tableaux, des bahuts bondés de livres, une grande bibliothèque contenant, uniformément reliée en tricolore, la fameuse collection des documents sur la Révolution française; un boulet rapporté de Wagram pour servir de pressepapier, etc., etc., cette demeure d'été est une sorte de musée qu'il y aurait plaisir à détailler.

Dans le kaléidoscope d'une visite rapide,

sont restés fixés au passage : un John Lewis-Brown sur Reischoffen, d'une horreur tragique; un dessin magistral de Rosa Bonheur, une aquarelle militaire de Jeanniot, un Eugène Lami, les croquis de la statue de Dumas père, par Gustave Doré ; une eau-forte du James Tissot d'autrefois, des Parisiennes, avant *le Christ;* un lion de Gérôme, un Julien Le Blant, un fusain de Jean-Paul Laurens, puis une suite funèbre, deux Victor Hugo sur son lit de mort, l'un par Glaize, l'autre par Clairin ; un Lamartine, aussi après la vie, et, parmi les curiosités, un tableau de Céline Montaland, des fleurs de Blanche Pierson, des maquettes de *Thermidor*, une toile de Théophile Gautier d'où, hélas ! sont absents le gilet rouge et la chevelure romantique ; enfin, des médaillons de Got, de Cadet, et une sculpture de Mounet-Sully, le médaillon de M. Pasteur, le cé-célèbre archiviste-amateur de la Comédie.

En veston breton à boutons luisants, à broderies amusantes, une calotte noire sur la tête, la barbe grisonnante, l'œil vif, la démarche alerte, la conversation verveuse, documentée, informée de tout, Jules Claretie chronique en parlant, et il est un causeur intéressant, ayant vécu plusieurs existences normales, ayant entassé des monceaux de copie, producteur doublé d'un collectionneur, d'un fureteur, souvent heureux.

En janvier 1880, Charles Monselet, ce bon abbé joyeux qui avait un fin jugement, disait de Jules Claretie : « C'est un esprit ouvert, curieux, altéré de connaissances, chercheur de pistes : il est agilement doué, il a toutes les aptitudes, il ne refuse sa collaboration à aucun journal, il accepte toutes les besognes, il brasse la chronique à l'étranger et à l'intérieur, il fait le compte rendu des théâtres et des salons, voire des livres ; il trousse habilement le roman, et s'entend souvent au drame ; il a touché à l'histoire, et s'est essayé à la politique ; il sait écrire en chemin de fer... Il avait un gros capital

chez ce notaire qui s'appelle la Postérité... »

Certain cahier rouge, que j'ai vu sur sa table, à Viroflay — le XIIIe de son *Journal* depuis qu'il est administrateur de la Comédie-Française — m'a tout l'air d'une traite tirée sur l'avenir, et elle ne sera pas protestée. Même après *Brichanteau*, cette œuvre sainement gaie dans une époque de mortel ennui prétentieux, il y a là-dedans des notes précieuses, de la bonne copie, sur papier vert, à l'encre violette.

« Faire avec plaisir et honnêtement un travail qui vous plaît, c'est le bonheur tout simplement », la phrase est de Jules Claretie quand il n'était qu'écrivain et arborait cette devise : LIBER LIBRO. « Je ne me sens à l'aise que la main à la plume, devant ma table de travail. Ah! le travail c'est là ma vie! » Et il l'a toujours fait, et il continue, et je sais une *bibliographie* de lui qui lasse la ferveur et le courage de son auteur.

Son écriture est restée ce qu'elle était au temps de ses débuts au *Diogène*, souvenez-vous en, et Wolff l'a bien définie un jour : « Fraîche et insouciante, très alerte avec cette petite pointe d'enthousiasme qui sied si bien à la jeunesse. » La jeunesse est passée, mais l'emballement perpétuel est resté, et ce chauvinisme n'est pas pour déplaire.

Cordial, sympathique, sont les qualificatifs généralement accolés à son nom ; d'aucuns en sourient de façon narquoise, et traitent avec ironie cet immense labeur très sincère, cette bienveillance qui ne se dément pas.

Pourquoi une ombre au tableau ?

« Il y au Conservatoire des arts-et-métiers, écrivait-il un jour à un jeune portraitiste, des miroirs concaves qui déforment étrangement les physionomies. Il doit y en avoir d'autres qui embellissent les visages. C'est un de ces derniers miroirs-là que vous m'envoyez. » L'homme, qui est un timide, est un modeste aussi ;

et puis n'est-ce pas de Mendelssohn cette pensée : « Figurez-vous bien que ceux qui ne cherchent pas les qualités d'une œuvre d'art avant ses défauts ne sont pas de vrais grands artistes. Évidemment il faut juger et condamner, car tout n'est pas bon ni beau dans le monde de l'art pas plus que dans la vie, mais il faut *aimer à aimer.* »

La besogne est aisée parfois, et César doit être de cet avis, César, le bon gros chien de montagne, au poil blanc taché de roux, qui garde la demeure d'été, à Viroflay, et s'arrête stupéfié par une *locomotive* en fleurs qu'a dessinée le jardinier sur la pelouse, oh !

BOISFLEURI

Chez ANDRÉ THEURIET

BOISFLEURI

Une boutique peinte en bleu, au coin du boulevard Saint-Michel et de la rue Gay-Lussac, en face des fenêtres de Mounet-Sully, c'est la gare. On descend par des escaliers qui zigzaguent, en un treillis de ferrures boulonnées, et l'on se trouve alors sous une voûte de catacombe toute blanche de lampes électriques ; cela semble une machine d'exposition, de ces installations provisoires qui sont faites pour les afflux d'étrangers, pour un véhiculage cosmopolite : c'est propre, tout neuf, avec des placards de céramique qui reflètent et exagèrent la lumière.

Un long tunnel coupé de l'entr'acte de clarté et d'air de la station du boulevard de Port-Royal, tranchée à ciel ouvert devant Bullier, puis, après les maisons de Paris — océan de toits qu'on surplombe et qui étend à l'infini ses vagues grises — commence la verdure : d'abord, une banlieue de Raffaëlli, pareille, quoique très distante, à celle de Levallois, avec des landes ponctuées de cheminées d'appel en bois badigeonné de noir; puis les bâtiments de bagne de Bicêtre; ensuite les blancheurs crayeuses des carrières, plaies de la terre éventrée comme les peint René Billotte; une rangée continue d'arches tapissées çà et là de lierre, c'est l'aqueduc d'Arcueil, et, définitivement, la campagne s'espace, égayée de cultures de maraîchers, de maisonnettes à trois fenêtres, vallonnée de verdures enfouies en des ravins, d'alignement d'arbres ombrant les routes.

Le train s'alentit, il y a des rails multiples, des croisements, des aiguilles, des vagons dormant sur des voies de garage, c'est une station importante, Bourg-la-Reine, et nous allons chez Môssieu le maire, André Theuriet.

Le voici sur le quai de la gare, en complet gris taché de la rosette rouge, qui attend ses invités ; présentations, poignées de main, et, par la rue ensoleillée, en marche vers Boisfleuri !

.·.

« Les Blagis », appellation locale, géographique, ne signifiait rien, aussi Theuriet débaptisa sa propriété pour l'appeler *Boisfleuri*, nom de souvenir, lointain déjà, des journées buissonnières de la jeunesse, des échappées vagabondes de l'étude et du barreau ; un bois de grands arbres, et beaucoup de fleurs, le nouveau nom était tout indiqué même s'il n'y avait pas eu l'évocation du pays messin, de cette France de l'Est restée chère au romancier, contrée où il a vécu son bon temps de forestier, qu'il se remémore toujours avec plaisir, décor où volontiers, maintenant, il fait vivre ses personnages.

Vieille d'une soixantaine d'années déjà, habitée par un monsieur Bienaimé qui, sans prétention, portait le surnom de Louis XV, restaurée et coquettement aménagée par les propriétaires actuels, c'est, au fond d'un grand jardin, une maisonnette flanquée, de chaque côté de la grille d'entrée, de pavillons destinés aux communs et dont l'un se relie par une galerie vitrée au corps de bâtiment principal.

Petit, discret, gentiment orné par une habile main féminine, Boisfleuri est une retraite exquise, comme un rendez-vous galant du XVIII° siècle caché dans les futaies, avec, à l'entour, le parc à rocailles, orangerie, mignon pont de bois, pièce d'eau, le parc complété enfin de tous les ornements d'usage; des statues moisissantes meurent sur des colonnes, et un grand potager aux allées rectilignes approvisionne largement; les murs de clôture sont indistincts sous les feuilles, et il y a l'illusion de la distance pour le regard qui s'enfonce et se perd dans les ramures; des massifs de fleurs parsèment les pelouses, des oiseaux chantent parmi les grands arbres, et, à vingt minutes du chemin de fer, on est très loin de Paris, en pleine nature.

On comprend qu'André Theuriet, poète, ait quitté la rue Bonaparte pour venir là.

Poète, il l'a été, et il l'est encore, seulement, aujourd'hui, il n'enferme plus exclusivement sa pensée au moule du rythme et des vers; il la laisse s'épanouir en toute liberté dans le cadre plus large et plus commode de la prose : le parnassien d'autrefois est devenu le romancier de la *Revue des Deux Mondes*, et, ici comme là, il a sa note personnelle, son originalité propre.

André Theuriet est un forestier, et il a recommencé longtemps son *Chemin des bois;* non seulement il aime la nature dans ses manifestations extérieures, dans ses dehors absolument physiques de verdures, de gazouillements, de parfums, mais il l'aime aussi dans ses hôtes, dans les êtres qui y vivent, dans ses habitants primitifs et rustiques, dans ses paysans aux patois expressifs, aux chansons étrangement originales.

Du jour où le sylvain est devenu créateur, du jour où, au lieu de noter simplement les harmonies champêtres qui emplissaient son oreille, il a campé de toutes pièces des personnages, leur a infusé du sang dans les veines, les a rendus viables, il n'a pas renié ses chères amours, et il a donné une grande place aux décors.

Ce continuel retour à la description amoureusement faite de sites agrestes produit dans l'esprit du lecteur comme un charme inconscient, l'œuvre de Theuriet vous laisse des souvenirs aimables de *combes* enfoncées aux creux de ravins qu'ombragent des masses touffues de feuillages, et dans lesquelles serpentent des sources qui coulent, lentement, l'éclair

argenté de leur eau teinté çà et là du bleu de l'aile d'un martin-pêcheur. Il dépeint la campagne dans ses paysages et aussi dans ses accidents, dans ses épisodes ; il vous fait assister aux fêtes villageoises, à celles des foins et à celles des vendanges ; il vous initie aux mœurs des charbonniers, des bûcherons, de tout ce monde qui vit des bois et dans les bois, et ses paysans, nuancés d'une douce teinte poétique, sont vrais tout de même, ses paysans qu'en des fusains remarquables a illustrés Lhermitte.

．．．

Chaque année, comme pour renouveler sa palette de sensations nouvelles, il passe des jours de printemps en Savoie ou en Suisse, il hiverne à Nice, et, accrochés aux murs du salon de Boisfleuri, il y a de précieux souvenirs de ces exodes : un Besnard, fait au bord du lac d'Annecy, qui a la séduction chaude de couleurs d'un

Véronèse; sur un tambourin, une vue de la rade de Villefranche, par Muenier, impression crépusculaire réduite du grand tableau qui fut au Champ-de-Mars, que l'État acheta, et sur le cadre duquel André Theuriet avait écrit ces vers :

Le crépuscule tombe et le jour s'évapore;
Mais dans la rade où tremble un feu couleur d'aurore,
Dans la mer irisée et le ciel assourdi,
Dans les rosiers et dans les pins, on sent encore
Flotter l'âme embaumée et tiède du Midi.

Son buste par Dalou, son portrait par Bastien-Lepage, des dessins aussi de celui-ci, une marine de Bretagne de ce pauvre Lansyer, une nymphe de Henner, une jolie impression de fleur de Laurent-Desrousseaux, des paysanneries de Lhermitte, tout cela parmi les vieilles tapisseries, les bibelots et les fleurs, forme un ensemble d'art intime qui ne déborde pas mais qui tient compagnie : le charme remplace ici la profusion.

Le cabinet de travail, au premier, ouvre

sa fenêtre sur le jardin, et, dans les sérénités des matins qui s'ensoleillent, dans la fraîcheur des choses emperlées de rosée, dans le calme de la campagne qui s'étire, il doit faire bon là reprendre la page interrompue, parfaire le chapitre commencé, s'amuser à mettre du noir sur du blanc.

Sur le mur, faisant face au bureau, est curieusement encastré, dans l'étoffe grise de la tenture, un portrait de femme : Mme André Theuriet préside à l'œuvre de son mari.

— Je suis obligé de vous quitter pendant une heure, il y a une séance du Conseil municipal où il faut discuter quelque chose avec les chemins de fer...

On se doit à ses administrés, et Môssieu le maire est un bon maire. Il fait créer des routes; l'an prochain, il y aura un square devant la gare de Bourg-la-Reine; il s'occupe même de la fête locale, a invité les forains par voie du *Journal* où il chronique, et il a été déjà récompensé de tout cela :

sous la tente du bal, entre le musée de cire, la femme-torpille et les Cinématographes, on a joué, et pas trop mal, *Jean-Marie*, ce tant célèbre petit acte que Sarah Bernhardt n'oublie jamais d'emporter lorsqu'elle part en voyage.

Il s'apparente à la George Sand de la *Mare au Diable* et de *François-le-Champi*, et il a apporté dans ce salon qu'est l'Académie une gentille note discrète de bouquet de fleurs des champs.

LES PIERREUX

Chez VICTOR CHERBULIEZ

LES PIERREUX

Combs-la-Ville Quincy.

Le jardin en déclivité et dont la pelouse semble se continuer jusqu'à la vallée de l'Yerres, là-bas, fait croire à une véritable grande propriété : la toile de fond en est les collines en face, avec, point saillant, comme dans un tableau de Millet, le clocher de Brie-Comte-Robert, et, plus sur la gauche, celui de Mandres, à l'ombre duquel villégiature François Coppée. Il y a des académiciens dans le pays.

L'habitation est un ancien rendez-vous de chasse abrité par de très beaux arbres qui, jadis, ont fait partie de la forêt de

Sénart toute proche ; ce côté de Quincy est en lisière des bois, et, du belvédère, qui domine la route en un coin du mur de clôture, la vue est tôt bornée par la masse sombre des futaies.

Très modeste, un simple rez-de-chaussée, les pièces en enfilade, la maison moitié pierres blanches, moitié briques, est d'une joliesse pittoresque, et, derrière, un délicieux motif de décoration est une porte condamnée qui domine un perron tout sauvagement encombré de lierre et de glycine.

C'est très calme, sans entour visible que le chemin de fer de P.-L.-M. qui traverse le bas du jardin. On accède par un sentier bordé de haies que rien n'indique ; c'est discret ainsi.

Par la portière du vagon, quand on s'en va l'hiver dans le Midi et qu'au passage on regarde, en une vision hâtive, les maisonnettes mornes de la banlieue, l'attention est toute prise, à cet endroit, par le jardin de ce pauvre Delaplanche où une main pieuse a placé, parmi les allées, les œuvres délicates de l'auteur de *la Musique*; les toits bas des Pierreux apparaissent à peine.

Mais l'arrivée par la route, au mois d'août, l'arrivée par le carrefour de la Croix, par les sentes de la forêt, au milieu des futaies, des coupes engrillagées et ébrouantes de vols de faisans, est tout à fait charmante. Avec la voiturette attelée du poney Salomon, ce fut une promenade exquise, et plusieurs fois renouvelée.

Il y a longtemps que Monselet saluait ainsi — à propos de la représentation, au Vaudeville, de *l'Aventure de Ladislas Bolski* — l'homme à qui nous allons rendre visite : « Quelques-uns d'entre ses romans ont obtenu un réel succès, sinon auprès de la foule, du moins auprès des délicats et des raffinés. Ce sont en général des peintures du grand monde étranger, particulièrement de la société du Nord de l'Europe, et puis aussi des études de passions bizarres, de cas pathologiques exceptionnels, des maladies non encore observées. Tout cela est finement rendu, élégamment écrit ; on souhaiterait quelquefois plus de naturel. »

L'appréciation est encore vraie, et le Valbert de la *Revue des Deux-Mondes* en tombe d'accord. Si d'aucuns le chicanent, c'est sur sa manière d'écrire ; il professe le plus absolu dédain des formules goncourtiennes, et a dû applaudir à certaine chronique de Sarcey sur la fameuse écriture artiste. Au reste, n'est-il pas une phrase de Charles Nodier qui consolerait bien des gens ? « Il n'y a pas dix hommes par siècle qui aient un style à eux. » Il n'est pas de place pour tout le monde dans ce Conseil des Dix.

Le Genevois académicien que je ne veux portraicturer dans « le magnifique habit à palmes vertes, tout luisant du drap neuf et de la broderie soyeuse couleur d'espérance » qu'il porte depuis longtemps déjà, semble un officier en retraite, quelque commandant d'infanterie retiré dans une petite ville de province où il va, le soir,

faire sa partie de dominos — ou d'échecs — avec d'anciens compagnons d'armes au café de la Grande-Rue. Le nez droit, tombant sur une moustache roide que complète l'impériale au menton, ajoute à la ressemblance : ressemblance rien que physique, car l'auteur du *Comte Kostia*, de célèbre mémoire, n'a pas dans les gestes, non plus que dans la parole, la rudesse du militarisme. Le timbre de la voix, au contraire, est essentiellement doux, mielleux presque, ironiste parfois, et un sourire aimable se dessine facilement sur les lèvres fines, en ce visage endeuillé par une douleur récente. L'homme est d'une bonhomie familiale, d'une simplicité bourgeoise.

La conversation fort intéressante est nourrie de souvenirs personnels cosmopolites, car l'essayiste politique de la *Revue* a beaucoup voyagé, un peu partout, excepté en Russie cependant. Il a été en Orient, connaît l'Allemagne à fond; il est, du reste, un ancien élève des Universités d'outre-Rhin, d'où il a rapporté une instruction solide et poussée loin qui lui permet, encore aujourd'hui, cette exquise jouissance : lire tous les matins, au saut du lit, du grec dans le texte, et couramment...

De ses pérégrinations, Victor Cherbuliez a conservé nombre de notes, les matériaux de l'écrivain.

« Quand j'étais en Espagne, me contait-il, je tenais un journal quotidien. A Madrid, où l'on se couche très tard, je ne m'endormais jamais sans avoir noté mes observations de la journée. » Chacun a ainsi ses albums de croquis, le peintre et le littérateur, où il puise sans cesse des données précises — il en est de célèbres, comme les *Petits cahiers* d'Alphonse Daudet.

J'ai dit : d'une simplicité bourgeoise, ce mot que j'ai appliqué à l'homme, je peux aussi l'appliquer à son chez lui, rue de Tournon, ou aux Pierreux. Rien de ces installations de snobs où les tentures étalent leurs plis lourds, où les tapis d'Orient ouatent le bruit des pas, où les statuettes, les bibelots mettent la bizarrerie de leurs formes et la variété de leurs origines, rien de ce fouillis tant coquet et voulu que l'on trouve dans les nids luxueux de la plaine Monceau ou du quartier de l'Étoile.

Le cabinet de travail dans lequel s'élabore, sur un bureau droit où l'on écrit debout, la copie *ad usum Brunetieri*, est une petite pièce étroite dont les murs sont presque entièrement couverts de livres étagés sur des rayons. Au milieu des reliures diverses, tout un casier est occupé par les volumes de la *Revue*, brochés en leur couverture orangé pâle. Un seul panneau, en face la glace de la cheminée, est vierge de bouquins et a reçu quelques cadres : un portrait de Dante jeune — reproduction photographique d'une fresque découverte à Florence il y a quelques années — au profil moins accentué que la silhouette légendaire, l'amertume et la douloureuse désespérance de la figure populaire n'ont pas encore mis leur empreinte à cette tête jeune, toute rêveuse, toute mélancolique; de chaque côté — avec quelques peintures les entourant — une photographie de la Vénus de Milo et un plâtre de la cavalcade du Parthénon, le fragment, précisément, qui a inspiré à Victor Cherbuliez son premier ouvrage : *le Cheval de Phidias;* enfin, un médaillon de Berlioz, donné par le fils aux amis de son père, et, dans un petit cadre de bois, un morceau de tissu grisâtre, du lin effiloché, venant de la chemise du Tasse, accompagné d'une épigraphe autographiée de Lamennais qui en affirme l'authenticité.

En ce réduit étroit et simple, comme sous la tente rayée rouge qui est devant la maison, dans le jardin de Combs-la-Ville Quincy, on sent que doit s'écouler une vie tranquille, dans laquelle on marche toujours d'un même pas régulier. Pas d'emportements, de fièvres, de passions, d'insomnies douloureuses, d'inspirations brusques, non : le romancier, après avoir fait son premier déjeuner — du grec dans le texte et couramment — se met à sa table et il écrit. Il va à son bureau de telle heure à telle heure, mais, au lieu de copies ministérielles, c'est *des histoires* qu'il fait. C'est parfois de l'histoire, étant un des hommes qui connaissent le mieux, ainsi que me le disait Coppée un jour, la politique universelle de ce temps.

Il y aura, plus tard, sur la modeste propriété des Pierreux une plaque de marbre avec une inscription. L'endroit est digne de notoriété, car c'est là qu'ont été faites par M. Lippmann, le gendre de Victor Cherbuliez, les premières photographies en couleurs : le savant et le romancier s'en iront de pair à la postérité.

MÉDAN

Chez ÉMILE ZOLA

MÉDAN

« Nous allions tous les ans aux bains de mer, cela commençait à nous lasser, puis nous avions beaucoup canoté çà et là en Normandie, alors l'idée nous prit d'avoir quelque chose à nous où passer l'été, sur les bords de l'eau. C'était en 1878. Nous cherchâmes de ce côté de Paris, à Poissy, à Triel ; en déjeunant là, à l'*hôtel de la Marine*, je vis ces coteaux avec ces petits villages, je demandai les noms : « Oh ! il n'y a rien, c'est Villennes, c'est Médan. » Sans me fier à cette appréciation, je louai une voiture et voulus me rendre compte : c'était gentil, bien campagne, et justement, un écriteau sur une maison de paysan, A VENDRE. Une vieille femme nous montre, oh! tout petit, trois fenêtres et un bout de jardin fait avec des remblais bouchant une ancienne carrière ; nous avions l'intention de louer seulement, elle refusa, alors on marchanda ; elle demandait 10.000, je l'eus pour 9... »

Émile Zola, qui est architecte, tout comme le fut Lamartine, et comme Ingres fut violoniste, a peu à peu ajouté à l'habitation embryonnaire une aile par ci, un donjon par là, a acheté des champs, en a fait une façon de parc, a construit à l'extrémité des serres, des communs, une ferme, et en face a étendu son domaine jusqu'à la rivière, a amarré une flottille dans les roseaux et a acquis une île : « Ce chalet, tous ces peupliers sont à moi ; il y a un pont sur le chemin de fer, et là-bas j'ai des bateaux... »

Ce qui est à lui aussi, et il me la faisait admirer avec un beau geste élargi de marquis de Carabas, c'est cette vue merveilleuse, ce grand horizon, toutes les collines environnantes piquées de petits villages, troupeau de maisonnettes dormant autour du clocher ; l'étendue est calme, aérée, la rivière met une clarté réjouissante parmi la verdure.

« J'aime beaucoup ma demeure, j'y ai passé des hivers à travailler ; c'est très confortable ; il y un calorifère, le gaz... » Ce constat satisfait du bien-être de la vie revient souvent dans la conversation, sans vanité, sans forfanterie, mais avec une très naturelle joie du but atteint, de la fortune acquise par un labeur formidable.

Se souvient-on de cette anecdote contée jadis par Albert Wolff ?

La scène se passe sur la place du Panthéon. Il fait un froid atroce ; un jouvenceau pâle, aux longs cheveux noirs, aborde une grisette du quartier Latin qui l'attend depuis une heure.

— Eh bien ? demande la jeune fille.
— Rien ! je n'ai trouvé aucun ami...

— Mais je n'ai pas déjeuné et il est cinq heures...

— Ni moi.

— Alors, nous n'allons rien manger aujourd'hui ?

Le jeune homme resta un moment pensif ; puis, obéissant à une résolution soudaine, en pleine place du Panthéon, par dix degrés de froid, il ôte sa redingote, la tend à la jeune femme, et :

— Porte cela au clou et achète le dîner.

Puis, il regagne en manches de chemise sa chambre d'hôtel garni.

Le temps n'a pas gardé le souvenir de la grisette, l'amoureux s'appelait Émile Zola.

Cet incident de la jeunesse du maître hantait ma mémoire tandis qu'il me faisait faire le tour du propriétaire, en sa villégiature, et j'y repense aussi rue de Bruxelles devant la somptuosité bizarre de ce petit hôtel bondé de mille et une choses.

Entre ces deux étapes, la place du

Panthéon et Médan, il y a quarante volumes à la librairie Charpentier, et cinquante ou soixante volumes de copie qu'il n'a pas recueillie, éparse un peu partout, dans les journaux, depuis *le Sémaphore de Marseille* jusqu'à *la Vie parisienne.*

Nous montions par un escalier, étroit, coudé, zigzagant : « Voici la première maison, je l'ai laissée telle que je l'ai achetée ; du reste, ma mère est morte ici, je n'aurais voulu rien y changer ; la première année, j'ai bâti à côté ce cabinet de travail, mais c'était incommode d'y grimper, quand des amis venaient, — et cependant j'y ai reçu Flaubert, Tourgueneff, Goncourt, Daudet, c'est loin déjà ! — alors en bas, à droite de l'entrée, j'ai ajouté cette salle de billard qui sert aussi de salon, où l'on se tient habituellement... »

Haut comme un atelier de peintre, une immense baie ouverte sur le plein air de la campagne, une loggia qui est une bibliothèque, et, sous un lustre de milieu, une grande table que domine un fauteuil magistral d'autrefois, sur un bahut ancien un buste énorme. « Je le garde pour montrer que j'ai eu des cheveux »; ils sont abondants, en effet, et rejetés en arrière, *à la Balzac;* des tryptiques de primitifs, des hommes d'armes en panoplies, de vieilles étoffes, des vitraux, — le cabinet de travail est, ainsi que la maison entière, encombré de toute une bricabracomanie qui étonne ; et ce n'est pas qu'Émile Zola soit amateur; lorsqu'on le questionne là-dessus, il ne s'attarde pas, on ne le sent pas, comme un Goncourt ou un Anatole France, jouir du bibelot rare qu'on caresse des doigts, qu'on tourne et retourne, qu'on pelote, non, il a accumulé tout cela pour se faire un décor à son existence, son romantisme d'instinct aiguillé sur les choses d'église du Moyen-âge.

Dans la salle de billard, le plafond à poutrelles saillantes ornementées de peintures est la copie d'un plafond du château de Beauregard, et là, ce sont des retables, des lanternes, des statuettes de processions, des images de saints, des *ex-voto*, où le regard se dissémine. On perd pied au milieu de tout cela, on ne peut nier certes une somptueuse allure d'accessoires, une certaine surprise même de première impression à l'entrée, mais j'ai regardé avec plaisir, à un tournant du petit escalier, ce cadre contenant les photographies des acteurs qui interprétèrent *l'Assommoir* à l'Ambigu, Gil-Naza et le *delirium tremens*, et j'ai noté surtout ce fumoir, en bas, ou, comme des icônes, sont les portraits de Flaubert, de Goncourt, ceux des *Soirées de Médan :* « Je veux en mettre deux encore, celui de Daudet et celui de Tourgueneff. »

Devant le pavillon des amis, une construction indépendante où tout le confort le plus soigné se trouve, on a installé une fontaine de marbre, l'eau jaillissant par la bouche d'un masque énorme pour tomber dans un sarcophage aux figurines gracieuses. « J'ai rapporté cela de Rome. »

Émile Zola pratique le sarcophage, il en a de très beaux dans son vestibule, à Paris.

Des chiens dorment au soleil, bonnes vieilles bêtes qui achèvent leur vie tranquillement, à la campagne, et par les avenues du jardin nous allons, le romancier me parlant de son prochain livre, *Paris :* « Ah ! maintenant, je le tiens, j'ai toute la carcasse... », et de cyclisme.

Zola, maigri, bien portant, allègre, est un enragé de la bécane : « Tous les jours, après déjeuner, j'enfourche ma *Souplette*, et je vais à Meulan, à Pontoise, dans les environs, voir Mirbeau, des promenades, de petites étapes, 40 ou 50 kilomètres... J'adore cela et je l'étudie, je ferai certainement quelque chose là-dessus... ; les cyclistes se séparent en deux catégories : ceux qui peuvent en faire et alors ils l'aiment, et ceux qui ne peuvent pas, pour une raison de santé ou autre, et alors ils critiquent ce sport, ils le tournent en dérision... C'est très commode, je voisine avec Bruneau...

— Vous avez été musicien ?

— Oui, je possède encore ma clarinette ; je faisais partie d'une harmonie, à Aix ; pendant ma jeunesse, j'ai suivi ainsi beaucoup de processions, nous marchions derrière le dais, et on nous payait d'une collation... Maintenant je me contente de faire des livrets de drame lyrique...

Le temps a passé vite, il faut aller à Villennes reprendre le train pour Paris, 2 kilomètres rapidement parcourus dans la petite charrette anglaise ; et tandis que son domestique prend les guides pour me reconduire à la gare, je vois Émile Zola, mollets, et complet cycliste, partir en promenade ; il pédale ferme...

MARLY-LE-ROI

Chez *VICTORIEN SARDOU*

MARLY-LE-ROI

Si l'impression n'en était endeuillée par les souvenirs de la mort de Dumas, la promenade est véritablement une des plus charmantes qu'on puisse faire ; la traversée de tous ces adorables environs, Saint-Cloud, Garches, Vaucresson, Louveciennes, laisse des visions de sous-bois élégants, de routes ombreuses, de résidences coquettes, et la toile de fond, quand on arrive est merveilleuse, avec, d'un côté, l'aqueduc profilant ses arches haut dans le ciel, de l'autre le château de Saint-Germain, la terrasse, la forêt.

Une rue de village monte à l'église, et, sur la place même une entrée somptueuse indique la résidence de Victorien Sardou.

Derrière la grille monumentale aux ferrures artistiques, des sphinx sont là, rangés six par six, se faisant vis-à-vis, leurs têtes énigmatiques, aux yeux morts, et leurs croupes arrondies se silhouettant dans les verdures qui les entourent et par endroits les enlacent; avec les fleurs, gigantesques grappes blanches qui penchent leurs tiges comme des encensoirs, avec les lianes qui courent, avec un arbre de Judée qui empourpre le feuillage, avec les lierres qui montent à l'assaut des socles, cela ferait une exquise aquarelle d'un exotisme amusant.

Non loin, un cèdre du Liban que son propriétaire apporta, il y a trente ans, dans son chapeau — l'histoire se recommence — étend ses branches puissantes dont il caresse les pelouses; des chênes centenaires dominent le lawn-tennis, embryon d'une reconstitution de Versailles qui sera faite avec un temple, un bassin à rocailles, à tritons, à naïades, et en face des colonnes en bois à treillages verts dénichés sous un hangar, en flânant dans le parc; une colonne des Tuileries, merveille de conservation où les fleurs de lis sont intactes, décore un terre-plein; une statue d'Allegrain, enlevée au château de Champ, chez Mme de Pompadour, apparaît en une perspective de sous-bois, et, après des points de vue magiques sur tout le pays environnant, « j'ai compté d'ici quarante clochers », c'est la forêt de Marly qui semble, les limites de clôture indistinctes, continuer à l'infini la propriété.

« Avant 1870, à cette mare que vous apercevez là-bas, des chevreuils venaient boire; je m'accoudais à la haie et prenais plaisir à les regarder : c'était la *Remise de Courbet* que j'avais ainsi devant moi, un délicieux tableau; parfois ils venaient jusqu'ici; jadis le maréchal Magnan me prévenait lorsqu'on devait chasser et l'on me rabattait du gibier; du reste, c'est dans un laisser-courre que Napoléon Ier, poursuivant un cerf, traversa ma salle à manger à cheval... »

Quand Sardou acheta Marly, il n'avait vu que le jardin; la maison — historique, s'il s'en trouve — plût tout de suite au passionné bibeloteur qu'il a le temps d'être; il en a fait un musée reconstitutif du plus grand intérêt.

Le salon est superbe, les murs entièrement couverts de tapisseries de Beauvais faites d'après les cartons de J.-B. Huet, et, se découpant sur leurs colorations douces parfaitement intactes, sont, de chaque côté de la cheminée, des appliques dessinées par Ranson; de lui aussi, un délicieux attribut pastoral, une corbeille garnie de fruits, qui pend sur la glace; au milieu de la pièce, une table dorée de la même époque attire le regard par ses étonnantes sculptures, des guirlandes de roses fouillées en plein bois; dans un angle, une harpe que Marie Leczinska a peut-être fait vibrer reporte encore davantage l'esprit à cette délicieuse époque, comme au reste la chaise à porteurs et le traîneau du Régent qui sont dans l'antichambre avec

les quatre couleuvrines, bronze ornementé.

Dans son cabinet de travail, une grande pièce claire entre cour et jardin, le fureteur endiablé s'en est donné de réunir quelques-unes de ses trouvailles faites çà et là : je citerai seulement deux Thonon et deux Debucourt, magnifiques d'épreuve, achetés pour presque rien sous une porte, aux Batignolles, *la Promenade du Vaux-Hall* et celle du *Palais-Royal;* puis, sur un meuble joli du temps, une petite figurine d'ivoire, placée au centre d'un temple que supportent des colonnes, représentant Voltaire, non pas celui du foyer de la Comédie-Française avec ses draperies artistiquement arrangées à l'antique, ni celui de l'Institut en sa nudité disgracieuse, mais un bon vieux M. Arouet en robe de chambre, en pantoufles, un bonnet de feutre pointu sur sa tête maigriote et malicieuse.

Le petit-neveu de Beaumarchais, comme l'a appelé spirituellement Francis Chevassu, mène au milieu de ce décor du passé une vie active, incessante; cet homme vif, remuant, alerte, qui a fait cinquante pièces de théâtre, dans tous les genres, travaille toujours, et sur les grandes feuilles de papier blanc sa plume court, court, griffonne fiévreusement des caractères illisibles. Le succès de demain touche au succès d'hier, il n'y a pas d'interruption dans le labeur comme il n'y a pas de différence dans le résultat, et à lui voir une telle vitalité, une telle jeunesse — les enfants ont beau grandir, — il semble que c'était tout à l'heure l'arrivée chez Déjazet, avec *les Premières armes de Figaro*, et cependant combien lointain, ce temps dont je possède un souvenir curieux, la photographie en groupe de la *Lisette de Béranger* à Seine-Port; assise au centre, Déjazet, le petit tablier noir à bavette sur la jupe courte blanche, le corselet en étoffe à ramages, le fichu et le bonnet de paysanne, sourit, le livre du chansonnier ouvert dans sa main sur ses genoux; autour d'elle, d'un côté Mme Nazet, Mme Sardou et une fillette, de l'autre Mlle Nazet et Mlle Blum;

à l'écart, debout, le pantalon relevé sur des chaussettes rayées que laissent voir les pantoufles, la tête de profil à longs cheveux sous son chapeau de paille, en bras de chemise, Victorien Sardou regarde et écoute, appuyé sur un râteau.

Depuis cet été-là, 1859, jusqu'à celui-ci, il y a eu... la liste serait trop longue et mes lecteurs connaissent autant que moi cette suite de succès.

D'ailleurs, ce parleur merveilleux qu'est Sardou anime plutôt la conversation avec des anecdotes qu'avec des souvenirs de M. Josse, et il y aurait maldonne à faire ici un article de dictionnaire quand les oreilles nous tintent encore de la causerie de ce diable d'homme, l'autre après-midi, tandis que nous nous promenions dans le parc de Marly. Non seulement il parle, mais il mime, il gesticule ; son visage rasé sous la toque de velours noir le fait paraître un acteur qui s'est vieilli en Louis XI après avoir représenté Bonaparte ; il joue, c'est une volubilité étonnante, et on le quitte regrettant de ne pouvoir tout se rappeler pour le transcrire chaud, chaud...

Une date néfaste aux villégiatures des environs de Paris a été l'année terrible ; qu'arriva-t-il alors à la maison dont Louis XIV avait fait cadeau à son médecin, et que possède actuellement Victorien Sardou ?

Rien, et voici comment.

Tandis que le châtelain — le mot semblera exact à qui connaît Marly-le-Roi — était retenu à Paris, lors du siège, ses domestiques seuls étaient restés là-bas.

« C'est ici que demeure M. Victorien Sardou ? demanda un officier prussien venant avec son détachement loger dans le pays ; voudriez-vous me montrer les chambres d'amis ? » Et là, dans les petites pièces du second étage, il s'installa avec ses hommes.

Comme la cuisinière les quittait, les laissant à leur emménagement :

— Vous ferez, lui dit-il en mauvais français, comme si votre maître était ici ;

pour le dîner, à quelle heure sonnez-vous ordinairement ?

— Six heures et demie.

— Très bien, vous ne changerez aucunement les habitudes de la maison.

Rien ne fut touché, abîmé, enlevé ; au moment du départ, le major, qui était un lettré, écrivit sur un exemplaire de *Patrie* des vers allemands à l'éloge de la pièce et à la gloire de l'auteur, et y joignit sa carte ; et la même chose se renouvela neuf ou dix fois : étonné de trouver cette propriété ainsi complètement respectée, chaque nouvel arrivant ennemi s'enquérait du pourquoi, recevait des serviteurs le récit de la première occupation et la rééditait de point en point.

« Quand je revins après le siège, nous contait Sardou, mes domestiques avaient eu le temps de refaire les chambres, de nettoyer un peu, et je suis rentré chez moi n'y trouvant rien de modifié ; seulement sur ma table étaient des exemplaires de *Patrie* annotés en allemand, et dans un plateau des cartes de visite des majors von..., von... »

Lorsqu'on va en voiture de Nice à Monte-Carlo, on remarque au long de la route qui contourne Montboron de gigantesques arcades de soutènement : ce sont les travaux préparatoires d'une villa qui doit se bâtir en ce site admirable, d'où l'on domine tout Nice, la mer, les montagnes de l'Esterel, la Riviera jusque par delà Cannes. « J'attends que ma fille se marie, que mes fils aient terminé leurs études, celui-ci au lycée, celui-là à l'École des beaux-arts, et alors je construirai... tous les plans sont faits... ah! le bon temps où je mettais tout mon monde dans un vagon et m'en allais passer l'hiver au soleil! maintenant je ne peux plus... Enfin, ça viendra, et puis, *je me retirerai du commerce...* »

Le sourire bien vivant dément la phrase; à Montboron comme à Marly, Victorien Sardou continuera de travailler — et c'est tant mieux, n'est-ce pas?

SUCY-BONNEUIL

Chez LUDOVIC HALÉVY

SUCY-BONNEUIL

La traversée de Paris pour joindre la gare de Vincennes, puis toute une banlieue laide, sans verdure, encombrée de maisonnettes crêtées de tuiles rouges, et enfin, après une heure de trajet lent, haché de stations, La Varenne dépassée, voici des champs, des bois, des futaies, on traverse de la vraie nature, c'est la province déjà.

Sucy-Bonneuil !

Au café en face la gare, la tonnelle ornée de l'écusson U. V. F., halte des cyclistes, le Parisien, un peu dérouté par ce voyage lancinant, demande :

— Où demeure M. Ludovic Halévy?

— Ah! c'est loin, c'est tout à fait dans le haut du pays ! Vous montez là, toujours tout droit, jusqu'au bureau de tabac; derrière, vous prenez une ruelle, il y a une petite grille blanche au bout, mais on n'entre pas par là, il faut tourner à droite, une grand'porte...

Il commence à bruiner ; l'horizon s'obscurcit, zébré par la pluie, heureusement que le « c'est loin » est une expression, ou mieux, une appréciation locale. En six minutes, par une avenue ombrée d'arbres, on est rendu chez l'académicien.

« Vous voyez, me dit-il, c'est une grande maison bourgeoise, elle est ancienne, elle a trois cents ans, elle date de Mlle de La Guette de la Fronde. La façade a été repeinte, j'ai ajouté des communs... Mais, entrez ! vous retrouverez le décor d'autrefois ; tenez, dans la chambre de mon fils, ce plafond aux poutrelles apparentes, cette cheminée avec son dessus de l'époque, le tableautin enchâssé dans la boiserie, et ce corridor sur lequel ouvrent huit pièces. »

C'est une excursion pour arriver au cabinet de travail, dont les fenêtres donnent vue : l'une sur le jardin-fleuriste et le potager, l'autre sur le parc où, parmi les pelouses, des paons se promènent, majestueux.

Les témoignages du passé emplissent cette banlieue peu connue, et qui jadis se trouvait être, en pendant de Saint-Germain et de Versailles, le côté de campagne affectionné par les nobles habitants des vieux hôtels du Marais et de l'île Saint-Louis.

Il y a à Sucy une rue de Sévigné, parce que Mme de Grignan demeurait au Grand-Val, où sa mère vint la voir. A côté, c'est le Petit-Val, la propriété actuellement de M. Templier, de la maison Hachette. Les encyclopédistes connurent ce pays, Helvétius, d'Holbach; il y a une lettre de Diderot, datée de là, dans laquelle il dit : « Je vous écris aujourd'hui, car on porte deux fois par semaine les correspondances à Charenton. »

Le château de Sucy, tout voisin de Ludovic Halévy, est une somptueuse construction qui a le grand air Louis XIV avec son entrée monumentale, ses vastes bâtiments décorés de bustes, son hall à colonnes de marbre, sa salle à manger au plafond par Lesueur, son ancienne chapelle devenue l'office, sa bibliothèque où, sur des rayons — une curiosité historique — sont des volumes de Thiers maculés, annotés, déchirés par les Wurtembergeois, en 1870. Une modernité élégante, un confort coquet, dont on subit le charme, dès l'entrée dans le salon où des baigneuses de Zuber-Buhler font face au portrait de la jolie maîtresse de maison par Bonnat, dans le salon que continue un délicieux jardin d'hiver qui m'a rappelé le décor du *Monde où l'on s'ennuie*, ne sont pas pour déplaire après l'évocation du passé, et très sincèrement on en félicite sir Bodley, gentleman écrivain qui, voulant rendre à la France la politesse faite par Taine à l'Angleterre, consacre tout son temps à un important ouvrage en trois volumes sur notre pays.

« A Sucy, ajoute en souriant Ludovic Halévy, je suis photographe, c'est sir Bodley qui écrit. »

De la terrasse, par-dessus les masses de feuillage illimitées du parc, la vue embrasse tout le panorama de la bataille de Champigny, la plaine de Créteil et, là-bas, Paris.

« Je tenais à vous faire connaître cela, vous voyez que je n'y mets pas de coquetterie, je vous montre les beautés voisines. »

Nous causons dans la salle de billard de *Haute-Maison*, c'est ainsi que s'appelle la villégiature de Ludovic Halévy, où nous sommes revenus en flânant par les jolies allées ombreuses qu'enténèbre le crépuscule, et nous regardons des tableaux, des dessins, des gravures. Edouard Pailleron possède la série des anarchistes de Renouard; voici, de ce même étonnant croquiste, un original curieux : l'artiste avait été envoyé, par le *Graphic*, à Jersey, pour faire le portrait du général Boulanger ; le modèle consent, mais il tient à préparer la pose ; il emmène Renouard, par delà Saint-Brelad's villa, au bord de la mer, et il se campe sur un rocher, regardant avec des jumelles... la France. Il resta ainsi une demi-heure, si bien que des photographes de passage en profitèrent pour prendre un cliché du groupe.

« *Mes Fils* par Blanche, une aquarelle d'Heilbuth, une peinture de Roll..., mais je n'ai rien ici ; des livres... il y en a partout ; je suis d'une famille où on les aimait : mon père, mon oncle... Moi je les adore ! A Paris, je vous en montrerais qui vous intéresseraient, avec des autographes, des reliures... »

Et, tandis que le bibliophile parle, je revois son appartement de la rue de Douai bondé d'œuvres d'art, ce logis de richesses tellement encombré qu'il a fallu renoncer

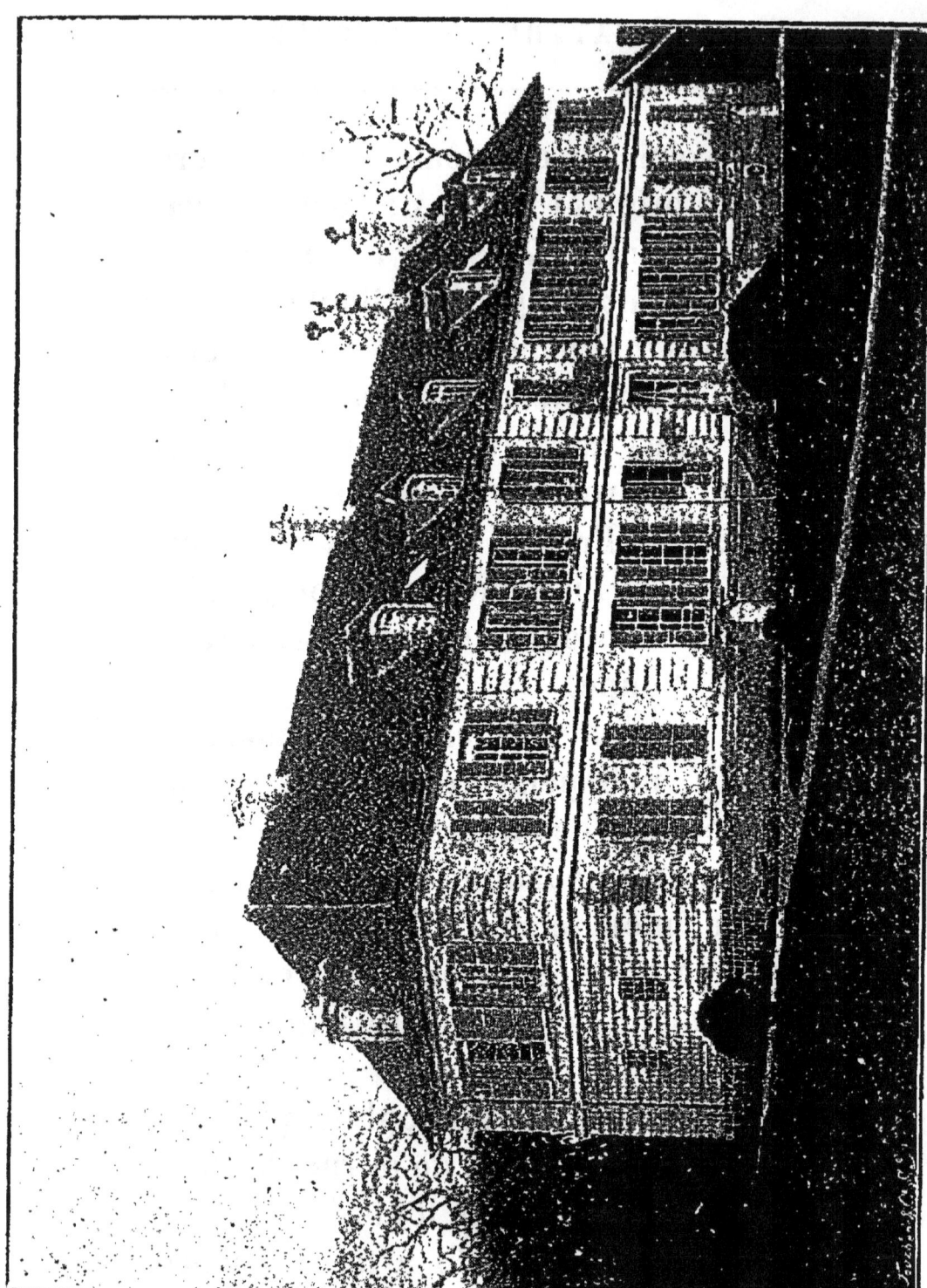

à tout déménagement possible; il y a un Degas, entre autres choses...

Les pages de l'album tournent, et c'est amusant, ces photographies : Coppée dans son jardin de La Fraisière, Brunetière à la campagne, des vues du château de Ferrières, lord et lady Dufferin, la Haute-Maison, le facteur rural arpentant la route, etc., tout cela constitue l'œuvre de Ludovic Halévy : « On peut m'attaquer sur ce qu'on voudra, mais la photographie, non, c'est sacré! » C'est une vraie passionnette; je me souviens que, récemment, un jeudi, je le rencontrai avec Jules Claretie sur le pont des Arts, à la sortie de l'Académie : « Je vais au Louvre acheter des produits... »

Et le théâtre? Et les romans?

N-i ni, c'est fini :

« Je terminerai peut-être une petite histoire que j'ai commencée, et puis je raconterai des souvenirs, car, depuis 1848, j'ai vu beaucoup de choses, le Corps législatif avec Morny... Le théâtre me fatiguait, les répétitions... J'ai été malade... Il y a tant de livres maintenant, et du talent partout ! Il faut savoir vieillir, je ne veux pas qu'on me prenne pour un *raseur*... Et je suis très heureux comme cela : j'aime Paris, j'aime la campagne, je lis énormément — et je fais de la photographie, vous avez vu que je puis en être fier... »

Avec sa barbe grisonnante, son bon sourire spirituel, ses yeux doux, toute sa jeune vieillesse, l'auteur de *Madame Cardinal* donne vraiment l'impression de quelqu'un qui est heureux : « Quand on ouvre la couveuse, c'est une fête ! Il y a quarante, cinquante petits poulets... Ah ! (un braiment très sonore se fait entendre) c'est l'âne ; il n'est pas commode, mais le jardinier ne veut pas qu'on le change ; il a l'habitude de s'arrêter quand il faut, d'aller où il doit ; si son maître était malade, il le remplacerait !... »

Tout cela est dit avec bonhomie, du même ton d'ailleurs que les potins de l'Académie : Zola, Daudet, mais chut !

L'antithèse permettrait un joli développement :

D'un côté : les cinquante pièces de théâtre, la collaboration avec Meilhac et Offenbach, *Orphée aux enfers, la Belle Hélène, la Vie parisienne, la Grande-Duchesse, Froufrou,* cette exquise Froufrou : « Une porte qui s'ouvre, et, tout le long de l'escalier, un bruit de jupes qui glisse et descend comme un tourbillon... Froufrou ! Vous entrez, tournez, cherchez, furetez, rangez, dérangez, bavardez, boudez, riez, parlez, chantez, pianotez, sautez, dansez, Froufrou, toujours Froufrou ! Et je suis bien sûr que, pendant que vous dormez, l'ange qui vous garde agite doucement ses ailes avec ce joli bruit : Froufrou ! » Et *l'Invasion,* et *la Famille Cardinal,* et *l'Abbé Constantin.*

De l'autre, la Haute-Maison avec le caniche noir, l'âne jardinier, les petits poulets et l'album de photographies.

— Et je n'ai pas trouvé cela si ridicule,

me disais-je en redescendant à la gare, dans la nuit qu'étoilaient les disques.

On ne peut que jalouser cet aimable homme, ce bon papa si fier de ses deux grands garçons, l'un à Normale, l'autre au régiment ; ce Parisien si content de la campagne, ce travailleur à succès d'antan qui jouit d'un repos bien gagné, et qui finit son existence comme il l'avait commencée, en allant à son bureau, mais rien qu'une fois par semaine maintenant, et dans une belle construction qui a une coupole et où l'on s'habille en vert.

LES PEUPLIERS

Chez GUSTAVE LARROUMET

LES PEUPLIERS

Ils sont cinq autour de la maisonnette, fichés dans les angles du jardin, et c'est grâce à eux que — la receveuse des postes de Villecresnes ayant demandé à M. Larroumet, alors directeur des Beaux-Arts, de donner un nom à son habitation, qui était en dehors du village — ce portrait de villégiature a cette enseigne très champêtre. Ils sont cinq, jeunes, élancés, cliquetant leurs feuilles, cinq sentinelles surveillant un buste de Clément Marot qui, sur sa stèle, repose en une sorte de petit kiosque rustique au toit de chaume.

Un salut à cette façon de dieu lare, et,

dans le vestibule de la demeure, commence déjà le musée. C'est la *Victoire de Samothrace*, merveille de lyrisme vrai, de charme naturiste ; c'est des photographies, des gravures, des dessins, du classique avec du moderne, une indiscrétion murale des sympathies en art du jeune membre de l'Institut. Toutes les pièces sont ainsi décorées, et, d'une vision rapide, en une après-midi ensoleillée d'août, le regard se remémore : un très beau buste de Gambetta, par Mercié, épreuve de celui qui a été placé dans le lycée de Cahors ; la fameuse eau-forte du portrait de Washington ; le *Bon Samaritain*, de ce pauvre Chien-Caillou ; un cheval en bronze, de Frémiet ; une lithographie, d'après Jean-Paul Laurens, une gravure de *la Source* de Ingres, une autre de Watteau, et les quatre panneaux de Chéret ; la très intéressante profusion enfin, des choses transballées de Paris à la campagne pour faire aux yeux et au cerveau un entour ami, vivant, une intimité précieuse, une atmosphère exquise ;

pour rappeler, dans le grand calme des champs, dans la solitude des arbres, la joie esthétique des chefs-d'œuvre.

Ce sont là des compagnons de vie aux heures fatigantes de copie; ce sont aussi des distributeurs de repos et de récompense, une distraction douce émanant de bibelots — curieux comme cette statuette de l'Empereur posée sur un morceau de brique du château d'Hougoumont, socle informe taché peut-être de sang français.

L'Empereur! il est venu à Villecresnes, car c'est du château de Grosbois qu'il partit pour Fontainebleau faire une scène au Pape; de ce château de Grosbois qu'Alphonse Daudet a mis dans la *Petite Paroisse*, avec ses corps de bâtiments qui évoquent le petit Versailles, « avec ses portes-fenêtres ouvrant sur un vaste perron, en face d'un superbe jardin à la française, majestueux, lumineux, où palpitait et vibrait sous le soleil la pierre blanche des statues, des vases, des balustres, un jardin terminé et longé par des charmilles sans fin aux arbres taillés en candélabres... l'immense domaine, des terrasses du bord de l'eau jusqu'à l'entrée sur le Pavé du Roi, la grille monumentale où des faisceaux de licteurs, dorés et emblématiques, rappellent les anciennes fonctions du grand maître de la cavalerie impériale. » — Grosbois, que possède le prince de Wagram, et où, parmi des collections très belles, existe une amusante correspondance de Napoléon Ier à Berthier pour l'engager au mariage et lui proposer une princesse toute prête.

L'aspect du domaine est absolument un décor historique, et, sur la grande route où s'éplore un maladif orgue de Barbarie traîné par des chemineaux lamentables, l'on voudrait voir passer des chevauchées d'uniformes brillants ou des berlines d'émigrés, ou une chasse royale, et c'est piteux de lire sur la façade du pavillon d'entrée, près de la grande grille : *Au Tourne-Bride, rendez-vous des cyclistes.* Aujourd'hui détruit la vision d'antan à

laquelle on se complaisait, et, dans la brume de l'évocation qui s'efface, la vie moderne réapparaît.

C'est à cette auberge, ancien relai de poste, que M. Larroumet loge son cheval de selle; c'est là qu'il venait autrefois, avant d'avoir acheté Les Peupliers; c'est là-devant qu'il passe à bicyclette, car ce travailleur fécond, ce grand bûcheur, a une dépense physique nécessaire. Il y satisfait aisément avec l'équitation, la marche, la bécane, sans compter les voyages incessants de côtés et d'autres.

Croisière au Maroc, recherches en Italie des Mantagnas et des Primitifs, conférences en Hollande ou en Belgique, le causeur de l'Odéon et de la Sorbonne mène un peu partout son activité, et il revient avec de documentaires impressions, un cosmopolitisme en détail, une bonne moissonnée de choses pour alimenter les articles de la *Revue des Deux Mondes*, de la *Revue de Paris*, du *Temps*, du *Figaro*, etc., puis les volumes chez Hachette, et aussi les délicieux entretiens où il sait d'un mot typique, parfois à la Préault, définir celui-ci ou celui-là, avec une souriante ironie méridionale.

Et cependant — on n'a jamais la vie qu'on voudrait — ce lettré regrette de n'avoir pu rester soldat ; il serait maintenant chef d'escadron dans les dragons :

« Quand j'entends passer un régiment, je suis encore comme le vieux cheval de trompette... »

Il s'était engagé, avait fait la guerre de 1870, et il est obligé, à la suite de bronchite, de crachements de sang, d'aller séjourner dans le Midi ; quatre années du soleil de Nice, c'est la guérison, mais fini pour l'uniforme ! il est trop tard pour le reprendre ; rencontre de M. Benoist, le commentateur de Cicéron et de Virgile, conseils donnés par lui d'entrer dans l'Université ; inutile de passer par l'École normale ; le valétudinaire Larroumet prend ses licences à la Faculté d'Aix, poursuit ses grades, est professeur à Paris, devient maître de conférences à la Sorbonne, est chef de cabinet de M. Lockroy, puis directeur des Beaux-Arts pendant quatre ans, « un poste très difficile, le seul où dans la même journée on peut avoir à recevoir un artiste, un évêque et une danseuse de l'Opéra... », arrive enfin à l'Institut en attendant l'Académie, et, jeune encore, a la rosette rouge.

C'est un vibrant; il roule en parlant; c'est un avant-gardier tout de même, car s'il n'aime pas Delacroix, il admire Ingres, et Puvis, et Rodin, et Gustave Moreau; il a été un bureaucrate audacieux, aussi bien dans ses commandes que dans ses duels; il a rénové de sa jeunesse, de son entrain, de son brio, de son bon sens, le fonctionnarisme vétuste; il a été combattu et critiqué, traîné dans la boue et le purin de chroniques odieuses; il a fait naître beaucoup de jalousies, de rancunes, bagage ordinaire des puissants du jour — enfin, il a été et il est quelqu'un.

NANTERRE

Chez SARCEY

NANTERRE

Dans une toute petite voiture attelée d'un âne mignon, mignon, quatre mentons-bleus assis, serrés sur des chaises, avec, en leurs mains, des instruments de musique; derrière, une immense pancarte, manuscrite, annonce « pour ce soir, définitivement et sans rémission, dernier spectacle de *Prête-moi ta femme*, du Palais-Royal, et des *Jurons de Cadillac*, de la Comédie-Française » Aux carrefours, on tire sur les brides du bourriquot, l'équipage s'arrête, le piston, la grosse caisse et les cymbales jouent un air, la foule s'amène, et les cabots font la parade.

Si le *Temps* n'était pas un journal si grave, peut-être y pourrait-on lire, le prochain dimanche, le compte rendu de cette représentation, car c'est à Nanterre qu'elle a eu lieu, Nanterre qu'habite Francisque Sarcey depuis une quinzaine d'années.

Le pays était célèbre de toute éternité pour ses rosières. Ses pompiers lui valurent aussi quelque gloire. La prison, récemment construite non loin de la ville, avec son apparence massive de caserne, ses hauts murs de ronde, ses cheminées, a fait parler d'elle par le luxe de ses aménagements, et enlaidit le décor suburbain; — négligeons ces indications d'un Baedeker de banlieue, et, parvenu au passage à niveau du chemin de fer, près de la gare, descendons de notre *Souplette* pour demander l'adresse.

« Si vous interrogez un Nanterrois, m'avait prévenu Sarcey, on vous fera prendre un chemin long, laid, coudé, ça vous semblera très loin, tandis que je suis à deux pas de la station, par une avenue ravissante... »

Ça n'a pas manqué :

— Pour aller chez M. Sarcey, le journaliste ?

—Ah !... vous voyez cette rue, suivez-la, puis la troisième à droite, c'est la rue du Quignon, elle tourne à main gauche. C'est au 9, mais n'entrez pas avant qu'on vous ouvre, il y a des danois... »

Comme les écriteaux sont illisibles, que la rue du Quignon s'agrémente d'une impasse du même nom, on se trompe, on s'égare, on aboutit à une ferme. Une bonne vieille paysanne vous remet dans votre route, vous accompagne même aimablement pour vous montrer la porte — et on arrive.

Au coup de sonnette, des abois furieux répondent. C'est, en un chenil engrillagé, à droite, dans la cour, un grand molosse au crâne carré, aux yeux bridés, au mufle terrible, et avec lui un chien de berger noir qui a l'air non moins affable. Les bêtes, de garde et de défense pour la nuit, sont là, antithétiques avec cette grande demeure familiale, toute calme, toute rustique, la maison des enfants et des livres. Les uns et les autres sont vraiment chez eux. Les trois fils du célèbre critique — le dernier a trois ans — ont un bataillon d'amis du voisinage, et je vous assure que la cueillette des marrons marchait bien l'autre jour, après déjeuner. Les livres emplissent de multiples armoires, escaladent les étages, débordent dans toutes les pièces. Cette annexe de la grande bibliothèque circulaire de la rue de Douai mérite un coup d'œil. Il y a, dans le salon, orné de vieilles gravures classiques et d'un buste en terre cuite, sur la cheminée, une vitrine pleine de jolies reliures — on pare ce que l'on aime — et un bahut pour les poètes (ils sont tous là, depuis trente ans), qui sont réunions curieuses.

Les enfants et les livres, égoïstes, ont chassé Francisque Sarcey de sa propre maison, il lui a fallu en acheter une autre pour travailler.

Celle qu'il habite est pittoresque avec ses deux façades diverses, l'une du côté de l'entrée respectée en sa vieillerie et sa moisissure, l'autre sur le jardin, ornementée de treillages et de balcons de bois. Celle où il chronique est un pavillon qu'il apercevait par-dessus le mur de son jardin; il l'a acquis, a fait abattre le mur, et, maintenant, séparé par toute la longueur des pelouses et des luzernes — où flâne au soleil Mme Brunette, une gentille vache à la robe blanche tachée de noir — du vacarme de la nursery, il a ainsi une façon de thébaïde où, dans un décor d'installation très modeste, très sommaire, il écrit ses innombrables articles. Quand l'un est fini, il muse un instant dans le jardin pour préparer le suivant, puis va le mettre sur le papier, et, au crépuscule, sa besogne finie, soigne ses fleurs. Tourner la roue du puisard, emplir quelques arrosoirs, les porter aux géraniums assoiffés, est une diversion estivale aux soirées de théâtre. Le costume est *ad hoc*, un pantalon blanc, une grande blouse de toile bise, et un chapeau mou gris.

Ainsi vêtu, avec sa barbe blanche, ses grosses lunettes, sa démarche lourde, son dandinement accoté de sa canne, son sourire aimable, sa voix claire, vibrante, toute la franchise épanouie de son être, il paraît bien le bon vieux brave homme qu'il est, tout rayonnant de « la lumière du bon sens et de la vérité ».

« Il n'y a qu'un moyen pour un journaliste, affirmait-il récemment — et c'était très *pro domo sua* — de se faire une renommée solide : c'est d'écrire des choses utiles, sensées, honnêtes... L'essentiel, c'est ne dire que ce qu'on croit être la vérité, et de le dire le mieux qu'on peut, tous les jours, sans se lasser, ni même sans craindre de fatiguer les autres. »

Voilà quarante ans qu'il le fait, et, comme nous causions, assis sur un banc de son jardin de Nanterre, il évoquait pour moi des souvenirs de son passé : « C'est en 1866 que j'ai débuté au *Temps*, où je succédai à Louis Ulbach, qui ne me le pardonna jamais; auparavant j'avais commencé la critique dramatique à l'*Opinion nationale*, de Guéroult, et je dois à Garibaldi d'avoir été très lu; il faisait son expédition des Mille, reprenant l'aventure arrêtée par le traité de Villafranca; nous le soutenions et nous eûmes un très fort tirage; j'en profitai pour être connu...

« ... J'avais découvert cette chose très simple : c'est qu'il fallait aller au théâtre et voir une pièce pour en parler. Ça paraît bien naturel, ce fut cependant une innovation; non seulement j'y allais, mais j'y retournais. Et puis, mon grand mérite, c'est que je suis un professeur, je vulgarise et j'explique, j'initie et j'intéresse le gros public à des choses qu'il ne connaît pas, j'ai eu ainsi des campagnes à succès, dans l'ancien *Gaulois*, par exemple, où, d'un jour de chronique par semaine, j'étais arrivé à faire quotidiennement le premier article... Ah! nous étions des bûcheurs aussi; on travaillait beaucoup de mon temps. Ces normaliens, comme Taine, comme About, leur somme de labeur fut énorme... »

Ce que Sarcey a écrit, dans tous les journaux, emplirait une bibliothèque ; comme dit son petit garçon : « Papa, il fait de la copie » ; il n'a conservé que ses feuilletons de critique, pages documentaires auxquelles il a souvent recours lui-même, le reste est épars, de tous côtés, commentant l'actualité du jour, de l'heure, de la minute.

« La scène à faire... on m'a blagué là-dessus... mais c'est la règle générale. Que vous fassiez un livre, une nouvelle, un article, ne cherchez-vous pas à mettre en relief tel point sur lequel vous voulez concentrer l'attention ? Voilà la scène à faire ! »

Quoi qu'on dise — car il y a des haines vigoureuses contre l'oncle — il est intéressant à écouter, Francisque Sarcey ; il parle comme il écrit, à la bonne franquette, sans pose ; il dit des choses très sensées, très justes, et dans une langue claire ;

il n'est pas pédant — bien que très littérairement renseigné — et là-bas, à la campagne, le jardin empli de garçonnets joueurs, il me sembla être dans l'école du village : le maitre a l'air très bon, sans férule ; aussi on l'aime bien, ce gros homme souriant qui met une coquetterie heureuse à parler de ses soixante-dix ans prochains : « Pour mon anniversaire, j'écrirai un *De senectute !* »

A le voir si vivant, si gai, si rieur, ce végétarien endurci, on lui déniera — encore longtemps sans doute — d'être renseigné sur la vieillesse. Il ne pourra en parler que d'après les autres.

GÉROFOSSE

Chez AURÉLIEN SCHOLL

GÉROFOSSE

C'est à la veille des fêtes franco-russes, entre une arrivée de turcos et un départ pour Cherbourg, que j'allai passer une journée à Étampes, m'évadant du badaudisme affolé.

La pleine campagne, des bois comme à Fontainebleau, des terres de rapport en riche culture, un air sain, pur, c'est plus que la banlieue, et le rapide de Bordeaux vous y mène, ce qui donne déjà l'illusion d'un véritable voyage.

Une ville, curieuse par son passé dont des vestiges demeurent, animée, bruyante par sa vitalité actuelle de commerce, le tic-tac de ses moulins, sa foire aux bestiaux, son transit de grains et farines ; une rue, mal pavée, qui n'en finit plus, avec des auberges, *le Grand Monarque, le Coq d'or*, etc., où les fermiers des environs — dont les cabriolets sont rangés devant la large porte à enseignes — engloutissent des banquets de trois cents couverts ; des églises historiques, Notre-Dame crénelée comme une forteresse, Saint-Martin accostée d'une tour qui penche ainsi qu'à Pise, Saint-Basile au portail Renaissance d'une délicate ornementation exquise ; et puis l'hôtel des Tourelles d'Anne de Pisseleu, la tour Guinette, ruine très décorative sous laquelle un couloir conduit jusqu'à Montlhéry ; enfin, la statue en marbre de Geoffroy Saint-Hilaire !

En quittant la gare, Bob nous a véhiculé consciencieusement à toutes ces curiosités de la sous-préfecture, il nous a même arrêté au Cercle, sur la place du Théâtre.

Bob est un cheval isabelle, de bonne allure; son propriétaire, conseiller municipal et officier de la Légion d'honneur, a nom Aurélien Scholl.

Un veston de velours noir où saille la rosette rouge, un pantalon clair, un paletot idem, au menton la barbe poussée, avec du blanc; lorsque le lorgnon remplace l'épais monocle, il ressemble ainsi à Mounet-Sully, non pas à celui d'*Hernani* ou d'*Œdipe*, mais le Mounet rencontré à la ville, regard incertain, démarche un tantinet fatiguée. Et le boulevard des Italiens est remplacé par une belle route poussiéreuse qui conduit au clos, les saluts des confrères par les bonjours gentils de gamines villageoises auxquelles on donne des sous, — monnaie de la popularité.

« Voici ma maison, très simple ; autrefois, cela s'appelait le château de Gérofosse, et la rue ici la rue des Aveugles ; vous comprenez, si Sarcey était venu, lui et moi,... alors, comme Rose Chéri naquit à Etampes, je proposai de donner son nom ; ils sont charmants, mes électeurs, ce fut adopté de suite, vous voyez la belle plaque toute neuve... »

De l'autre côté de cette rue il y a le potager, le verger, une serre déjà emplie de fleurs rentrées (octobre, les nuits sont fraîches et il fait de la brume le matin), l'écurie, la remise, et une place, une vraie place de village, plantée d'arbres, limitée de bornes de pierre où sont scellées des chaînes ; c'est domaine privé, les roulottes n'y peuvent faire halte, et les vieux n'y jouent pas aux boules ; Mme Diane, chienne de chasse, s'en réserve la jouissance avec ses camarades petits et grands. Car Aurélien Scholl, qui écrivit le *Roman de Follette*, ce qui lui valut une médaille d'or de la Société protectrice des animaux, adore les bêtes, il pourrait comme Théophile Gautier raconter sa « ménagerie intime » dans laquelle serait *persona grata* M. Antonio, superbe perroquet âgé de trois ans, de caractère inégal, enclin à des mouvements d'humeur vite réprimés

par des calottes dont il demande pardon, très affectueux néanmoins : « Quand je fume ma pipe sur la terrasse, il arrive, grimpe sur mes genoux, se couche, et s'endort comme un enfant... »

Son plumage bleu et rouge fait très bien sur la rampe de fer du perron; après des amabilités prudentes à ce portier somptueusement vêtu, nous visitons l'habitation, la bibliothèque où sourit un buste de Voltaire, le salon tout éclairé joyeusement d'un pastel de Rosalba, et, au premier, — l'escalier isolé comme ceux de la Bibliothèque nationale autour des colossales mappemondes, — la chambre à coucher avec la vue merveilleuse de sa terrasse, la salle à manger où la pendule est encastrée dans un masque d'escrime, les chambres d'amis, celle du maître d'armes; çà et là un Sisley de la bonne époque, un Pissaro en pochade, une esquisse de Henri Dumont, une marine à l'huile de Bergerat, des croquis de Pille, une épreuve de l'*Enterrement au pays vallon* de Rops, et une rarissime aquarelle de Jules de Goncourt, faite à Dublin et dédicacée : « Un jour, en la voyant, Edmond a pleuré, il l'aurait voulue... »

Citons aussi une maquette de Chéret, et, dans le vestibule, deux cadres venant de la vente de Rachel, où sont lithographies teintées documentaires sur les acteurs de jadis et les costumes emphatiquement modernes dont ils habillaient les héros de la tragédie classique ou les personnages de la comédie moliéresque.

Peu de bibelots donc, une installation très simple, aucun snobisme dans le décor, le lieu d'asile momentané d'un Parisien qui, entre Vichy, Dieppe et la rue Blanche, n'a pas beaucoup de temps à donner à la villégiature, et qui, homme d'esprit, vit par et sur lui-même. Les mots de Scholl, quel joli recueil à faire, qu'on les prenne en ses volumes, *l'Amour appris sans maître*, *l'Esprit du boulevard*, *les Ingénues de Paris*, *les Mémoires du trottoir*, *l'Orgie parisienne*, etc., ou qu'on les recherche dans *le Nain jaune,* ou qu'on les demande à la mémoire des contemporains.

La moustache en croc, la lèvre railleuse, le monocle insolent, des épées sous le bras, le brillant mousquetaire de la vie parisienne est un tendre tout de même ; il a rimé *Denise,* minuscule chef-d'œuvre, et l'on déjeune chez lui avec deux fillettes qui aiment bien « monsieur Scholl » : « ma filleule, et l'enfant de mon jardinier, sa petite camarade », il est très gâteau, donne des friandises au dessert, et s'amuse de cette enfance gracieuse.

Cela met de l'animation dans cette demeure et aussi dans le jardin aux grands arbres, à la perspective illusoire, au mignard cimetière ; en un retrait d'allée deux pierres, petites, cubiques, avec des inscriptions, un nom et une date ; c'est là que sont enterrés Kiki et Fatska, chiens ; — n'est-ce pas Mme de Pompadour qui fit ériger un monument funéraire à son oiseau favori ?

Les bêtes familières, les amis, s'en vont, telle est la loi de nature ; il arrive un moment où l'on ne vit que de ses souvenirs : « Je vais les écrire, me confiait Aurélien Scholl, deux volumes ; Houssaye et Claudin n'ont pas touché à mon coin, et j'ai des choses intéressantes ; le journalisme, — à moins d'une possibilité de politique active, — je devrais m'en retirer complètement ; à quoi bon chroniquer ? il y a cent, deux cents jeunes gens qui font très bien, pourquoi leur encombrer la place ? »

Ce fin ironiste se résigne ainsi galamment, mais il aura peine à se convaincre lui-même ; c'est comme pour la campagne : « Je l'adore, je voudrais m'y retirer tout à fait, et il est probable que je finirai mes jours rue de Courcelles… »

Gérofosse est pourtant tentateur, avec, au bout du clos, sa mignonne rivière, plus petite que l'Yvette, où il y a une barque de plaisance et d'excellentes truites, avec ses vergers très riches, et ses bosquets très ombreux, avec le pittoresque de son entour provincial, le fond de décor de la tour Guinette; puis, il y a les fonctions publiques, on est un conseiller municipal écouté, et ce doit être amusant de faire de la politique au village.

Pour qui n'a connu Scholl qu'au perron de Tortoni, la silhouette est inédite que nous vîmes, un matin d'octobre, — à Étampes.

L'ERMITAGE DE SÉNART

Chez NADAR

L'ERMITAGE DE SÉNART

Elle est mélancolique, cette première phrase de la « présentation » qu'a écrite Nadar pour ce petit chef-d'œuvre réédité chez Lemerre, l'*Épître au Curé* : « Celui qui se dispose pour un long voyage met ordre à ses affaires. Il rassemble ses notes, rappelle ses souvenirs et règle ses comptes : ainsi, il partira l'esprit net, le cœur tranquille, ne laissant derrière soi remords ni regret ».

La photographie de l'Ermitage, ainsi que celles illustrant les visites chez Alphonse Daudet, François Coppée, Ludovic Halévy, Gustave Larroumet, sont dues à l'amabilité de M. Gaston Buffler, qui fait paraître, en fascicules, *Brunoy et ses environs*, un ouvrage de grand luxe et de haute érudition, dont le succès justifié se poursuit.　　　　M. G.

Connaissez-vous le coin de pays charmant d'où ces lignes sont écrites ?

« C'est un ancien couvent des Cordeliers, brûlé en 93. Les quatre grands murs sont restés debout, rouillés, avec, de place en place, des éboulements qui font dans la verdure des amas de pierres rouges, vite recouverts par une végétation riche, envahissante, des coquelicots, des avoines, des plantes raides, aux feuilles régulières et pointues, s'écartant entre les pierres comme des appliques de métal.

« Un portail s'ouvre sur la route ; l'autre, la fameuse porte Pacôme, donne sur des fourrés du bois, des petits sentiers à peine tracés, pleins de baume, de menthe sauvage, où, les matins de brume, il m'a semblé souvent voir disparaître le capuchon d'un vieux moine cherchant des simples.

« De loin en loin, le long du mur, de petites poternes basses, condamnées depuis des siècles, laissent passer dans l'assombrissement des futaies, de grands filets lumineux, comme si le cloître enfermait tout le soleil du bois.

« A l'intérieur, ce sont des terrains vagues, aux herbes brûlées, des petits jardins de paysans, des vergers séparés de treillages, et deux ou trois maisons bâties en cette même pierre rouge qu'on trouve dans les carrières de la forêt. »

C'est ainsi que le solitaire Robert Helmont, *alias* Alphonse Daudet, décrivait, il y a vingt ans, cette oasis curieuse de la forêt de Sénart, un groupe, à l'orée du bois, de deux ou trois maisons, dont celle de Nadar.

De l'ancien couvent il ne reste que çà et là des pans de murailles, des arceaux de caves et une plaque à inscription d'orthographe étrange que « l'homme au veston rouge » a retrouvée dans les sous-sols et a fait enchâsser dans la façade de sa demeure.

Avec ses balcons entièrement revêtus de feuillages qui dégringolent, avec son jardin à l'entour et, une porte poussée, la forêt qui le continue, avec son entrée pittoresque en vieilles pierres, avec cette atmosphère de calme, de solitude, de retraite, c'est vraiment délicieux, ce coin de Port-Royal où vit tranquille, esclave dévoué d'un familial dévouement, le légendaire aéro-photo-écrivain, dont le public connait le *Géant* et le... collodion, mais que nous, les scribes, nous révérons pour quelques pages d'anthologie, comme la *Mort de Dupuytren*, ce bijou de l'écrin qui s'appelle : QUAND J'ÉTAIS ÉTUDIANT.

La silhouette est célèbre, et de celui qui a fait tant de portraits un nouveau cliché serait superflu, si ce n'est pour noter la très affable douceur de la voix, le pétillement spirituel des yeux et la causerie charmante, toute documentée des souvenirs.

En dégustant du *Clos-Nadar*, une liqueur de l'Ermitage dont la marque est dessinée par le vigneron lui-même, chaque bouteille ayant son original ; en regardant le fouillis des bibelots accrochés dans cette salle à manger à cheminée énorme, à escalier coudé comme dans les intérieurs des Flandres ; en nous amusant, là-bas, par delà la tonnelle, des oiseaux qui s'ébattaient dans

une vasque, embryonnaire début d'un

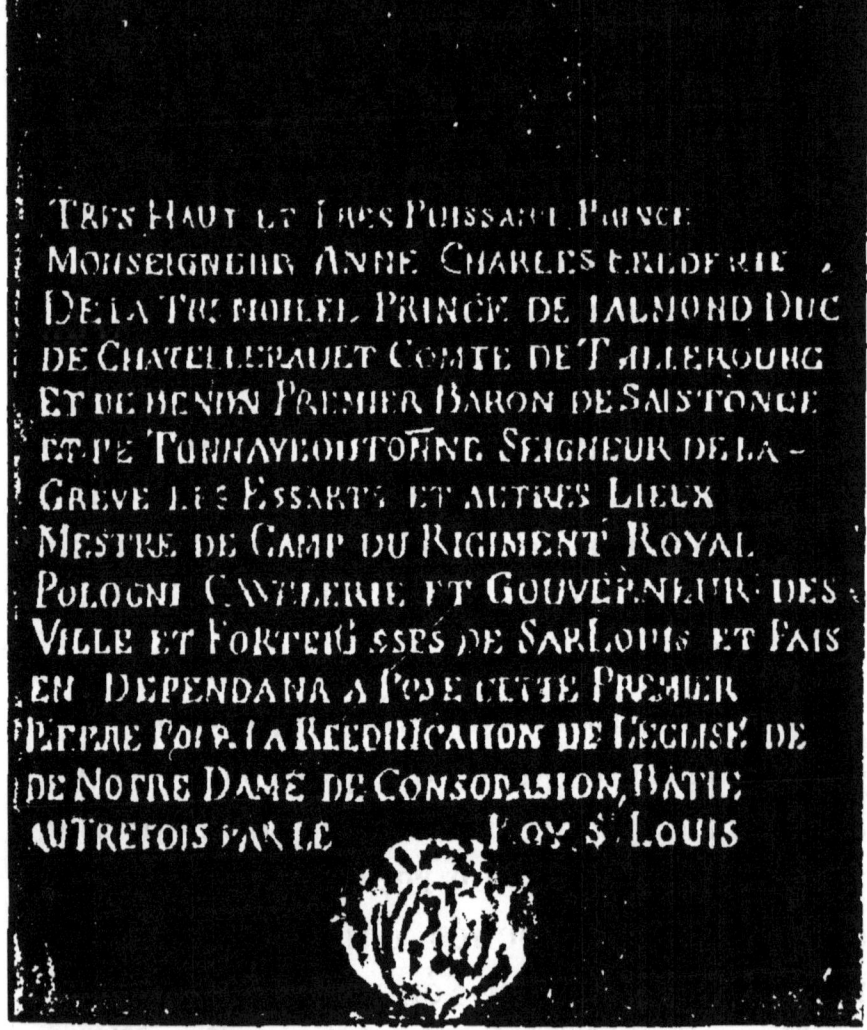

Plaque enchâssée dans la façade.

bassin, nous ouïmes, l'été dernier, des fragments, véritable primeur, des *Cahiers de Nadar* : « J'ai plus de dix mille lettres, des monceaux d'autographes ; il s'y rattache des anecdotes intéressantes — enfin j'ai le poisson, je ne réponds pas de la sauce que je mettrai autour ; — je voulais intituler cela : *Mémoires des autres*, mais on m'a prévenu que c'était un titre de Jules Simon ; alors j'ai choisi tout simplement : *les Cahiers de Nadar.* » Cela doit être donné en fascicules. Et, me rappelant *les Guêpes*, je songe au vieil Alphonse Karr, à l'ermite de Maison-Close, qui aurait pu signer *l'Hôtellerie des Coquecigrues* et *le Monde où l'on patauge*.

C'est qu'en effet, à côté du poète, il y a un polémiste, et si, dans *le Miroir aux Alouettes*, dans *la Robe de Déjanire*, il se trouve une façon de Champfleury sentimentaliste, en revanche, dans maintes plaquettes, c'est du bon esprit gaulois, bien verveux qu'on rencontre ; relisez « les Dicts et Faicts du chier cyre Gambetta le Hutin en sa Court exposés par mon sieur Nadar, abstracteur de quintessence » qui « se treuve chez l'auctheur : Au pourtraict véridicque, en la rue dicte d'Anjou Sainct-Honoré, près la chapelle du Roy Louys-le-Seizième » ; et aussi « la *Passion illustrée* de N. S. Gambetta, selon l'Évangile de Saint (Charles) Laurent, suivie d'une note par l'auteur des Dicts et Faicts du chier Cyre Gambetta le Hutin en sa court ». Cela a paru dans *La Lanterne* d'abord; ce souvenir de Rochefort ne messied pas en l'occasion.

« Le salaire n'est dû qu'à l'action. Le rêve n'est pas le fait, pas plus que les émotions ne sont des principes. »

La phrase est de Nadar, et elle pourrait servir d'épigraphe à sa vie, car sans recommencer à parler des ballons, de la lithographie, de la peinture, du journalisme, même de « la grande symphonie héroïque des punaises, paroles de Nadar et Charles Bataille, à Paris sous les piliers tournants de la vague demeure, c'est-à-dire sous les arcades de l'Odéon », sans cataloguer tout ce qu'il a fait, on peut trouver encore exact ce que disait de lui feu maître Banville :

« Je connais Nadar depuis toujours; je l'ai vu riche, grâce à son travail, à son infatigable ardeur, et je ne sais pas d'homme que l'argent ait moins étonné que lui; je l'avais vu tout jeune, luttant contre la pauvreté et l'étonnant à force de virtuelle joie et d'inventions spirituelles. Il était déjà lui, improvisant, dessinant, écrivant des romans, sans table et sans plumes, vivant de tous les métiers qu'il ne savait pas, et il n'en aurait vécu « que trop honnêtement » comme dit Racine, s'il n'avait été généreux jusqu'à la sottise (à moins de quoi l'on est avare) et s'il avait pu voir passer les marchands d'âmes, les faux tribuns, les imbéciles triomphants, sans leur jeter à la face quelque épithète rabelaisienne, bien crue et sonore! Et de peur qu'on ne sût pas bien que c'était lui qui avait crié, il avait pris le parti d'être d'une taille énorme, au-dessus de la démesurée, et craignant de ne pas être reconnu, il mettait, il met encore chez lui une vareuse écarlate, parfaitement rouge. »

Oui, c'est en veston rouge que, l'été dernier, il nous faisait visiter sa maisonnette aux innombrables chambres emplies de choses d'art précieux, et nous en aurions long à décrire, si notre attention n'avait été fixée par la collection presque complète de l'œuvre de Constantin Guys, l'ami de Baudelaire : des malles d'osier bondées de dessins, d'aquarelles, de la série des équipages, de la série des filles d'un truandisme admirable ; et c'est en cataloguant ces richesses, c'est en préparant une exposition de l'artiste inconnu, c'est en relisant ses anciennes lettres, c'est en revivant sa vie, que Nadar oublie maintenant les tristesses de l'âge; et quand, badaudant parmi les plates-bandes du jardinet, il nous contait : « Autrefois, j'avais un chien, un cheval, un âne, tout cela est mort », je me remémorais ce passage du *Miroir aux alouettes :*

« Un des moments les plus pénibles de la vie, une des épreuves les plus difficiles, c'est assurément lorsque l'homme se voit amené à rompre avec une affection sur laquelle il s'était accoutumé à compter. Le cœur saigne de toutes parts, à ces séparations ; moins amer, peut-être, est le ressentiment contre l'ami perdu, pour les griefs de la rupture, que pour cette contrainte de ne plus l'aimer, où il vous réduit. Lorsque cette affection est née de la famille, du sang, et à mesure qu'on est plus avancé dans la vie, le déchirement est plus douloureux, n'est-ce pas encore peut-être qu'il vient se joindre alors aux souffrances de la blessure un vague sentiment de crainte à voir démanteler autour de soi cette protection, cette *muraille de tendresse* sur laquelle on se confiait, et à sentir le froid qui vient par la première brèche. L'homme se pénètre de sa faiblesse, à cet instant où il se voit prêt à marcher seul. »

Heureusement, Nadar est vaillant, bon pied bon œil ; il n'y a que le dictionnaire — cet indiscret — qui le fait dater de 1820, et nous fêterons, avec le fameux Clos-Nadar, l'apparition des *Cahiers*.

FONTENAY-SOUS-BOIS

Chez HECTOR MALOT

FONTENAY-SOUS-BOIS

A deux minutes de la gare, au coin de l'avenue de Fontenay et de l'avenue de la Dame-Blanche, une maisonnette tout enlinceulée de lierre, aux auvents de bois peint en rouge, au perron abrité par un vélum de glycines, au jardinet empli de fleurs et de palmiers, les pots fichés en pleine terre au raz des massifs — un illusionnant rappel du Midi qui réchauffe en cette grise après-midi de septembre. Par lelà les grilles de pourtour s'étend le bois de Vincennes, parc Monceau du peuple, le bois de Vincennes avec ses enseignes du restaurant de la Porte-Jaune, avec ses pelouses râpées où jouent des floppées d'enfants en vacances, avec, entre les arbres, ce paysage d'Angleterre qu'évoque la chapelle aperçue, flanquée, sur la droite, du donjon.

Hector Malot habite là depuis trente ans, et raconter sa maison, c'est le biographier presque : la villégiature est son ordinaire.

« Fils d'un notaire de province, me confie-t-il, je commençai mes études à Rouen pour les achever à Paris. Jusqu'à vingt-six ans, je vécus amassant des documents, mais sans rien faire, car, moi qui ai à mon acquis une cinquantaine de volumes, je suis un grand paresseux. A cette époque, quand j'avais assuré les 200 francs qui m'étaient nécessaires pour la vie matérielle — cela suffisait alors — je ne m'occupais plus de rien. J'avais envie d'écrire, c'était dans ma nature, car *on naît romancier, on ne le devient pas*, et, pour satisfaire ma passion, pour mettre à exécution le projet que je nourrissais depuis... toujours, il me fallait la solitude, l'éloignement, c'est-à-dire quitter Paris. Ayant fait un petit héritage — au lieu de le manger, ce qui aurait pu arriver — je m'enquis d'un terrain ; j'avais songé à me fixer à Passy, près du Ranelagh, où il n'y avait rien, j'étais même déjà entré en pourparlers, mais j'eus vite réfléchi que je serais trop proche de la Ville, que l'on viendrait me rendre visite, que je serais dérangé.

« Un jour de pluie — je me promenais par ici — je remarquai qu'il n'y avait pas de boue, c'est vrai, le terrain est spongieux et boit tout de suite — ça m'a décidé, j'ai acheté un bout de sol, et je fis construire cette maison qui est trop petite aujourd'hui. Comme Normand, je suis doué d'une grande prudence ; or, je ne me serais jamais mis très loin : je n'aurais pas été certain d'avoir les dix francs nécessaires au voyage lorsque j'en aurais eu besoin, tandis que vingt sous... et, possédant un toit à moi, par conséquent plus de loyer, ce serait bien le diable si je ne gagnais pas de quoi faire bouillir mon pot-au-feu... »

Avec sa bonhomie affable, de vieillard bien portant, très vert encore malgré la barbe et les cheveux blancs, il me parlait ainsi dans son *ex*-cabinet de travail, à l'aspect plutôt sévère : autour de la cheminée, de simples portraits de famille ; sur un casier à panneaux roulants, le *Bacchus* en bronze du musée de Naples ; puis une grande bibliothèque, tenant tout le fond de la pièce, des livres d'aspect vieillot, et, aux murs, çà et là, une immense photographie sur toile, merveilleuse reproduction des *Syndics des drapiers*, de Rembrandt ; une tête de Léonard de Vinci, des tryptiques de primitifs, et... des croquis d'Emile Bayard, pages d'illustrations pour ses volumes

« Une fois installé ici, je me mis à la besogne, de cinq heures du matin à onze heures, et de deux heures à sept heures. Ma première condition à un domestique était qu'il fallait se lever à l'aurore, avant moi, allumer le calorifère pour que j'aie en entrant dans mon bureau la même température que celle de la journée... Je refusais toutes les invitations, je ne sortais que par hygiène, chaque jour deux heures, quelque temps qu'il fît — on mettait des caoutchoucs et des sabots — et je fuyais toute distraction ! Les personnages de roman, auxquels on insuffle la vie, s'évanouissent au moindre contact, du moins pour moi c'était comme cela. Ainsi, je travaillais, vous seriez venu, j'aurais causé avec vous... Eh bien ! après votre départ, il m'eût été impossible de reprendre mon labeur : les silhouettes se seraient effacées... »

Le salon, qui a une façon de loggia enguirlandée ouvrant sur le Bois, « un grand jardin qui est à moi et que l'État entretient comme je ne pourrais le faire », contient quelques œuvres d'art discrètes, un buste en bronze par Chapu, du même une exquise maquette exécutée pour

Pompon, un portrait par Jean-Paul Laurens, et, aussi, par lui, en peinture solide, savante, une vue d'Yport, la falaise prise en raccourci du bout du jardin de la si curieuse villa gauloise, un dessin de Duez, etc.

« Je n'ai fait que ce que j'ai voulu, et comme je l'ai voulu : mes premiers romans réussirent à l'*Opinion nationale* du temps de Guéroult. Ce fut une chance. Je ne me souciais pas du tout des manies du public ; ainsi, c'était la mode à ce moment-là des *mœurs parisiennes*, un sous-titre obligé. Je fis des études provinciales. Pour la question des prêtres, ce fut la même chose. On était en pleine bourgeoisie voltairienne — maintenant cela a changé — on me demanda de n'en point parler ; mes 10 ou 15.000 lecteurs d'alors me lâchèrent, et, malgré cela, je fis la série que vous connaissez : *Un miracle*, *Comte du Pape*, et pourquoi ? — Parce que j'étais documenté, depuis longtemps : tout jeune, dans l'étude de

notaire de mon père, j'avais étudié un ecclésiastique très intéressant, commerçant entré dans les ordres par vocation, et ayant gardé sous la soutane ses qualités laïques. Il voulut, à la place de sa vieille église, construire une cathédrale qui coûta plusieurs millions, il eut des difficultés de payement, des procès ; j'ai vu cela de près, par le menu, et m'en servis... »

Hector Malot est, du reste, était, vaut-il mieux dire, un amateur du document, et, plus tard, on consultera tel de ses romans, comme *la Bohême tapageuse*, pour connaître la fin du second empire.

Son amour de la notation exacte faillit même lui coûter la vie : « Pendant la guerre, après avoir conduit ma femme et ma fille en Suisse, je revins en France, j'allai à l'armée de la Loire, au gouvernement de la Défense nationale. J'assistai à l'exode de Bourbaki ; enfin, lors de la Commune, je me rendis à Paris le plus souvent que je pus. Un jour, je me trouvai face à Vermorel : « Comment, vous êtes ici? me crie-t-il. Et on ne vous fusille pas! » Je m'abstins de retourner dans la capitale, tenant compte de l'avis. On avait publié de moi une lettre sur Vermorel qui motiva des attaques formidables de Rochefort et de Félix Pyat, et le révolutionnaire se rappelait... »

Ses *Souvenirs d'un blessé* ont été faits aussi d'après nature : « Tandis que j'écrivais, j'entendais, sur le sable du jardin, le bruit de bottes des officiers prussiens qui étaient logés chez moi ; et, les voyant passer, je me disais rageusement : « Ah! toi, si tu pouvais lire ce que j'écris... je vais t'arranger... »

Ce côté très documentaire du romancier est sa note caractéristique, et, dans le *Roman de mes Romans* qu'il a publié, il y a nombre d'anecdotes amusantes : celle de Thérésa et de Mme de Metternich, celle de Barbey d'Aurevilly et du dessinateur, etc., etc.

Ne faisant plus de romans, il les raconte, car il s'est retiré, il a pris sa retraite, il a annoncé qu'il avait fini son œuvre, et, c'est un tantinet mélancolique, ce bureau sur lequel il n'y a aucun papier, où la plume se rouille à côté de l'encrier qui se dessèche.

« J'ai beaucoup travaillé, j'ai gagné suffisamment d'argent. Pourquoi de l'ambition ? A quoi bon vouloir davantage ? Je me repose, je jouis de la vie ; ainsi je voyage beaucoup, je n'avais été qu'en Espagne, en Portugal, en Italie, je connaissais *la banlieue*. Maintenant je vais loin : l'année dernière en Russie, en Grèce, à Constantinople, et cela sans arrière-pensée d'impressions à rendre, sans la nécessité de chercher le mot propre... J'ai un carnet, mais c'est pour inscrire mes dépenses... Et, comme on sait que je ne raconterai pas ce qu'on me dit, j'obtiens des renseignements curieux : ainsi, sur l'alliance franco-russe, sur les commencements du Tsar actuel... »

Et, emporté par les souvenirs de voyage, Hector Malot me mime de façon délicieuse une visite récente à un marabout de Tougourt, un très drôlatique épisode qu'on lira dans le volume de Mme Hector Malot, l'authoress déjà applaudie de *Folie d'amour*. « Ma femme m'avait adressé, pendant une séparation, des lettres pleines de talent, je l'engageai à écrire, mais je suis comme le public, je ne lis que le livre imprimé, je n'en sais rien avant. »

Cette retraite volontaire d'un romancier, en plein succès, sera une des choses étranges de notre temps ; cette pudeur de l'âge, très à tort du reste, ce scrupule d'ambition, cette grande honnêteté à ne pas se servir jusqu'à satiété d'une marque achalandée, sont exemples dont beaucoup pourraient profiter ; il est un trait, tout à l'éloge de l'écrivain, que je veux encore citer :

Hector Malot avait annoncé un roman : *Journalistes et Gens de lettres;* tout au long de sa carrière, il avait amassé force notes et ce devait être son dernier livre. Au moment de le mettre sur chantier, il eut des scrupules : « J'ai eu plutôt à m'en louer qu'à m'en plaindre, ce serait mal à moi qui suis du bâtiment de manger le morceau... », et il remisa le dossier.

Cet ouvrage-là ne paraîtra jamais, parce que n-i ni, c'est fini.

Devant la bibliothèque du cabinet de travail, j'ai remarqué un cheval mécanique, des joujoux. La maisonnette de Fontenay-sous-Bois est l'habitation d'un bon père de famille qui a pris sa retraite de l'emploi qu'il avait.

LE CLOS SAINT-BLAISE

Chez OCTAVE MIRBEAU

LE CLOS SAINT-BLAISE

Ça vous a un véritable air de campagne, ce titre-là; qui supposerait qu'ainsi s'appelle un *jardin-musée?*

On descend du train à Poissy, la ville bruissante d'autrefois par ses marchés, la ville où la vieille église, pittoresquement moyen-âgeuse, évoque tout un passé de seigneuries bataillant, la ville que Meissonier a rendue un instant célèbre et où il est mort après y avoir longtemps travaillé — le fauteuil roulant sur les rails pour les études de chevaux, le champ labouré et blanchi pour poser dans le *le Retour de Waterloo*, etc. — on traverse sur le pont de la Reine-Blanche la Seine toute égayée de petites îles verdoyantes, toute peuplée de barques, en flottilles, et, afin d'aller à droite, du côté de Carrières-sous-Poissy, on quitte la grande route.

Avant un calvaire — ce fut là sous ce nom un premier volume de haute valeur et de grand courage — une grille, et, vis-à-vis, l'entrée d'un vaste potager qui, de terrasses entonnellées de vignes, dégringole jusqu'aux prairies bordant le fleuve.

— Monsieur Octave Mirbeau?

Des abois de molosses de garde qui, à cette heure, sont enfermés là-bas dans les communs, l'ondulement sur le sable jusqu'au visiteur d'une jolie petite chienne, bête familière au poil long, joujou d'intérieur, et, en gentilhomme-farmer, chaussé de babouches jaunes, à la pointe recourbée, un chapeau mou enfoncé sur les yeux, voici le féroce ironiste aux haines vigoureuses, au parler franc, à la dent cruelle, qui s'avance, souriant, gai, affable de savoir que l'on vient admirer ses fleurs.

Grand, solidement bâti, la moustache d'officier, le teint hâlé, une allure de combativité, une sensation d'énergie brutale, d'audace dangereuse, malgré le blond doré des cheveux, l'auteur des *Grimaces*, un pamphlet de jeunesse écrit à l'acide, est un merveilleux horticulteur, et, malgré ce vilain temps maussade de septembre, le vent qui fouette et la pluie qui bruine, nous visiterons d'abord le jardin, palette milliardaire de tons qui aurait dû tenter bien des peintres, et qui enchantait Edmond de Goncourt.

Des dahlias, des glaïeuls, des iris, non pas ceux qu'on connaît, que tout le monde peut avoir, mais des espèces inédites créées par Octave Mirbeau, des mélanges de graines, des croisements, des hybridations dont les résultats aussi extraordinaires que séduisants ont étonné et tenté récemment Vilmorin lui-même.

Au lieu de cette chose serrée, tuyautée, en boule bête et lourde, droite sur sa tige disgracieuse qu'est le dahlia, ici la fleur s'écarte, s'évase, se recourbe, et sa teinte habituelle se limite de colorations bizarres, de panachures excentriques, et alors ce sont modèles précieux d'ornementation pour des étoffes, pour des papiers, pour des Carlos Schwab ou des Grasset; aussi les glaïeuls, très montés, en forêt touffue et érigée de clochettes, montrent des apparences hallucinantes de bêtes de rêve, des formes fantasques qui semblent vivre, les unes endeuillées de bleus éteints, de mauves morts, les autres venimeuses, traîtresses, avec leurs macules; les iris, importés directement du Japon, sont dans une sorte de bassin sablé qu'une prise d'eau voisine humidifie de façon continue, et tout cela n'est pas le jardinet restreint du collectionneur, on compte les pieds par milliers; toutes les allées en sont bordées, les massifs en sont emplis, le bois en ses rochers abrite toute une catégorie de plantes des montagnes; des arbustes même, par le caprice et la volonté de leur possesseur, sont modifiés dans leur dessin, dans leurs feuilles, dans leur existence. Régentée par un grand souci d'art, par l'esthétique d'une vision gourmande, mais difficile, par une passion raisonnée, cette fabrication de fleurs est de l'œuvre de Mirbeau, une partie très spéciale, dont le comte Robert de Montesquiou doit s'éjouir.

Entre deux murailles, frissonnantes à la brise, d'helianthus de l'Himalaya, leurs larges disques d'or adornés d'une collerette de folioles pointues, nous gagnons la maison qui, avec ses balcons de bois découpé courant sur les façades à l'extérieur à l'abri d'un toit en auvent ainsi qu'on en voit aux chalets suisses, est entièrement plaquée d'un treillage en losange d'une teinte vert d'eau pâle ; cette douceur d'aspect prépare bien aux harmonies exquisement combinées de l'intérieur, le vestibule tendu de toile grise d'emballage où des cygognes sont décolorées au vaporisateur, la salle à manger toute peinte en jaune, boiseries, murs, vitres, dans une clarté transparente à la Liberty, le salon égayé d'une étoffe anglaise, des oiseaux-fleurs posés entre des rinceaux hiératiques, copie en bleu d'une mosaïque vieille de deux mille ans; et, en cet entour d'élégance sobre, raffinée, précieuse, de rares meubles laqués, des sièges aux formes grêles, des étagères d'outre-Manche avec des bibelots japonais, des ivoires fouillés, des bronzes délicats, puis des marbres de Rodin dont le fameux haut-relief de Mirbeau vu au champ de Mars, des plâtres de Constantin Meunier, son *Souffleur de verre* et son *Vieux Cheval de mine*, des Pissaro, des van Gogh, des Monet, des Gauguin, des Raffaëlli, des Forain, un Renoir merveilleux, efflorescence de chair grasse à la Rubens, des Degas, une sanguine de Puvis de Chavannes.

Des livres, habillés d'étoffes fanées, de soies pâlies, révèlent également les sympathies en art du maître de la maison. C'est Villiers, Mallarmé, Jules Laforgue, Maeterlinck, Vielé-Griffin.

A cette subtilité très moderniste de tendances, de goûts et d'affections, Octave Mirbeau est parvenu par des étapes successives, et, dans le cabinet de travail du premier étage, l'entre-deux des fenêtres occupé par le Victor Hugo de Rodin, la vue s'en allant là-bas sur la campagne jusqu'aux coteaux de Villennes et la maison de Zola à Médan, les souvenirs de la vie furent intéressants à connaître, confidence faite déjà il y a sept ans à Edmond de Goncourt et qui se trouve dans le *Journal* à la date du 11 juillet 1889 :

« Au sortir de l'école des Jésuites de Vannes, vers ses dix-sept ans, il tombe à Paris pour faire son droit, mais n'est occupé qu'à faire la noce. Vers ce temps-là, Dugué de la Fauconnerie fonde *l'Ordre*, et l'appelle au journal, et il a le souvenir que son premier article fut un article lyrique sur Manet, Monet, Cézanne, avec force injures pour les académiques, article qui lui fit retirer la critique picturale. Il passe à la critique théâtrale, mais ses éreintements sont entremêlés de tant de demandes de loges pour des femmes légères, qu'au bout de quelques mois il avait fâché le journal avec tous les directeurs de théâtre.

« Là, quatre mois de vie étrange, quatre mois à fumer de l'opium... anéantissement complet; c'est alors que son père, auquel il avait écrit qu'il était en Italie, le découvre, le tire de son logement, et le promène, pas mal crevard, pendant quelques mois en Espagne.

« Arrive le 15 mai. Il était rétabli. Par la protection de Saint-Paul, il est nommé sous-préfet dans l'Ariège...

« Au mois d'octobre de cette année, le sous-préfet est sur le pavé, et il se remet à faire du journalisme dans le *Gaulois*.

« C'est alors l'époque de cette grande passion qui l'improvise boursier, un boursier, s'il vous plaît, gagnant douze mille francs par mois pour la femme qu'il aime, puis bientôt la cruelle déception, qui lui fait acheter avec l'argent de sa dernière liquidation un bateau de pêche en Bretagne sur lequel il mène pendant dix-huit mois la vie d'un matelot, dans l'horreur du contact avec les gens *chic*. Enfin le retour à la vie littéraire. »

Hier, *le Calvaire*, *l'abbé Jules*, *Sébastien Roch*, demain un roman à la *Revue des Deux Mondes*, et, comme début au théâtre, une pièce politique; il est aisé de soupçonner là matière à tapage.

Cependant, ce croque-mitaine est un mélancolique, et, tandis que nous trottinions vers la gare en la petite charrette, il me disait ses dernières impressions de voyage, son enthousiasme pour Bruges-la-Morte, les béguinages, le calme et les primitifs, et les chefs-d'œuvre, les Memling, les van Eicke, et la hantise qu'il a conservée de ce berceau du grand art.

Cultiver des jolies et étranges fleurs en rêvant de tout cela — telle est la vie au clos Saint-Blaise, une vie enviable.

UN COIN DE SEINE

STÉPHANE MALLARMÉ
Les Frères MARGUERITTE

UN COIN DE SEINE

Au pont de Valvins — Samois

Par une après-midi d'

Octobre pâle et pur
Qui mire aux grands bassins sa langueur infinie,
Et laisse sur l'eau morte, où la fauve agonie
Des feuilles erre au vent et creuse un froid sillon,
Se traîner le soleil jaune d'un long rayon,

comme la voiturette attelée d'un poney minuscule arrivait à la Seine, le poète me dit : « C'est agréable d'avoir un pont à côté de chez soi, c'est ma terrasse, j'y viens le soir fumer un cigare... la rivière, large, calme, semble un lac... »

On tourne pour prendre le chemin de halage, et là, tout proche, presque sous la culée, une ancienne auberge de mariniers avec ; devant, un jardinet et quelques arbres, un escalier de pierre aux revêtements de glycine qu'ensanglante l'automne,

Un automne jonché de taches de rousseur,

un logis étroit de vieille masure, les poutres saillant du plafond ; par derrière, un grand verger.

De la fenêtre du cabinet de travail, véritable cellule par l'exiguïté (1) la vue embrasse, au delà le miroir de l'eau, les masses feuillues de la forêt, le coteau boisé de la Madeleine et des Plâtreries

(1) « ... Cette page restera un précieux souvenir pour moi et la plaque du vieux logis.

« ... Nous occupons, dorénavant, presque toute la maison, avec une grande chambre d'un Louis XVI de campagne, si belle de vue sur la rivière ; le petit cabinet de travail, devenu un boudoir à ces dames... Venez jeter les yeux là-dessus, et nous deviserons, au fil de l'eau. »

(*Lettre de Stéphane Mallarmé à l'auteur.*)

— c'est là que, depuis vingt ans, Stéphane Mallarmé vient passer chaque été, villégiature qui peut se prolonger maintenant que le professeur d'anglais a pris sa retraite et est libre de ses loisirs.

Il serait peut-être bien que, désertant tout à fait la rue de Rome, il habitât toujours Valvins ou plutôt Fontainebleau, car je sais au Palais même un appartement qui lui siérait, celui du bibliothécaire, si le poste n'était aboli.

Devant la berge une jolie barque se balance, gréée comme les bateaux de Honfleur, et c'est la passionnette du poète, qui surveille la moindre brise ridant l'eau afin de mettre à la voile. L'en-allée rapide fendant l'air, le bercement doux des acalmies, la lente et songeuse flânerie au long des roseaux, ou les bordées audacieuses d'une rive à l'autre, sont l'emploi des après-midi du faune... pardon ! de Stéphane Mallarmé qui travaille le matin et qui, le soir, lit.

Cela semble bien le moyen tout naturel

de mouvement convenable pour l'esthète qui me disait :

« Il y a à Versailles des boiseries à rinceaux, jolis à faire pleurer; des coquilles, des enroulements, des courbes, des reprises de motifs — telle m'apparait la phrase que je jette d'abord sur le papier en un dessin sommaire, que je revois ensuite, que j'épure, que je réduis, que je synthétise... et, si l'on obéit à l'invitation de ce grand espace blanc laissé à dessein au haut de la page *comme pour séparer de tout le déjà lu ailleurs*, si l'on arrive avec une âme vierge, neuve, on s'aperçoit alors que je suis profondément et scrupuleusement syntaxier, que mon écriture est dépourvue d'obscurité, que ma phrase est ce qu'elle doit être — et *être pour toujours*, puisqu'elle a été faite ainsi pour être imprimée, c'est-à-dire *revêtir une forme définitive... sacrée.* »

Les subtilités de métier de Mallarmé sont invraisemblables, il ne consentira pas à mettre dans une même phrase deux mots ayant par leur syllabe initiale ou termina-

tive la même consonnance ; scrupuleux à l'excès, ornemaniste infatigable, il cisèle sans relâche, et, ayant pour des articles de revue la paresse de se recopier, il déplore que des collectionneurs gardent ses manuscrits, et *il souffre à la pensée qu'on les pourra reproduire* un jour. Aussi son œuvre est-elle minime quoiqu'il ait énormément travaillé : « J'ai des armoires pleines de manuscrits, tout cela sera brûlé ! »

Dans l'eau-forte de Rops, merveilleux en-tête à l'édition des poésies photolithographiées de Stéphane Mallarmé, on voit des mains sans bras ascendre vers la lyre, les doigts — décharnés de plus en plus — font vibrer les cordes : c'est une jolie interprétation de son art.

Petit, la face sanguine dans la barbe presque blanche — il est né en 1842 — des moustaches fortes de Gaulois, l'œil timide, voilé (tel l'a crayonné Whistler), la voix douce, très nette, chantante, une voix à bien dire des choses rhythmiques,

Stéphane Mallarmé, qui s'écoute parler, prend des temps, préside et pontifie un tantinet, est un charmeur dans la conversation. Son langage est exquisement châtié, révèle le dilettante qu'il est ; sa pensée — originale — a dans la parole un outil merveilleux de traduction, et, quoiqu'il y résiste, il serait précieux de le sténographier.

Ce décoré de demain s'étonne d'être considéré comme un chef d'école, lui, qui, après une minime collaboration aux Parnassiens, a vécu à l'écart, dans l'isolement — et parmi les moqueries de la foule. Il est opposé d'ailleurs à toute coterie, à toute chapelle, et, dans sa constante et maladive recherche d'une perfection à lui, il aurait volontiers cette immense vanité : être l'auteur anonyme d'un chef-d'œuvre.

Être pour un livre ce que fut, pour la sculpture, l'auteur de la *Victoire de Samothrace*, par exemple, c'est là — dans l'inconnu de la gloire — un titre enviable!

.·.

« Aile d'alcyon ou de poète! » c'est ainsi que Paul Margueritte, dans une très jolie page intitulée *Ma rivière*, a appelé la voile du bateau de Stéphane Mallarmé. Il est son voisin, là-bas, à la campagne, et ce coin de Seine était intéressant, l'automne dernier, où se trouvaient groupés Georges Rodenbach, l'exilé de *Bruges-la-Morte*; Élemir Bourges, le rare écrivain injustement méconnu du *Crépuscule des Dieux*, et Odilon Redon, ce rêveur d'un autre temps, ce dessinateur magique aux énigmes inquiétantes.

Paul Margueritte — un des huit de Goncourt avant d'être un des quarante de l'autre fondation — a abandonné Paris pour Nice l'hiver et pour Samois l'été. Dans le petit village à l'orée de la forêt il a une maisonnette à deux étages, un jardinet qui dévale jusqu'à la rivière, et, les matins, il chevauche par les sentes

ombreuses, ayant à son labeur permanent
ce réactif : le cheval, qu'il adore.

Des panneaux de Chéret et des photographies de Botticelli « beau *Printemps* »,
« *Vénus* naissant des flots » ; un portrait
de feu Edmond de Goncourt, « noble portrait où Bracquemond a gravé, en une
simple et mâle attitude, regardant d'yeux
sagaces et profonds sa propre pensée,
celui qui est pour nous un des derniers,
un des plus purs maréchaux de lettres
de France » ; une installation de campagne très simple, des armes ; « cimeterres d'Orient, damas, lames en faucilles
et en croissants épineux », et des livres ;
l'épée du père à côté des romans du fils,
pas de bibelots, rien de la maladive préoccupation à la mode, aucune distraction
pour la pensée, le décor du home s'effaçant
devant le travail accoutumé, et — sur la
table — le roman en cours : un manuscrit
bien rangé, propre, sans grandes ratures,
l'écriture fine de femme courant d'allure
régulière.

Paul Margueritte a une montée de talent sûre, lente, il n'y a pas d'à-coups qui détonnent; son œuvre se continue, s'enforcit, progresse; il est un nouvelliste sentimentaliste ou doucement ironique; il sera romancier favori de la classe moyenne, sa formule étant tout à la fois purifiée des grosses banalités mélodramatiques d'Ohnet et exempte des subtilités psychologiques de Bourget. Il est plus artiste que le premier et moins compliqué que le second. Il ajoutera sans nul doute, ce qui est difficile, un peu de gloire au nom qu'il porte.

Éloigné des intrigues du boulevard, à l'écart de l'actualité absorbante, il ne donne aux journaux que des contes et des nouvelles, ne se départit de son travail imaginatif qu'en de très rares occasions, comme, par exemple, la mort de Jean Lombard, pour l'œuvre posthume duquel il a écrit une préface éloquente. Non tourmenté à l'excès par la fièvre — si épidémique aujourd'hui — de ce qu'on a appelé l'écriture artiste, n'étant pas enrayé par les inquiétudes, le prurit du mieux, de l'absolument bien que nous indiquions tout à l'heure chez Stéphane Mallarmé, il a une production constante — devant laquelle il hésite parfois, voyant la lignée des volumes qu'il a déjà publiés.

Dans cette existence bourgeoisement tranquille, dont le ruban rouge a consacré la bonne tenue — et a précisé l'âge aussi, les cheveux grisonnants — il y a un regret d'autrefois, du temps de la pantomime et des marionnettes. C'était alors de la vraie jeunesse, et, comme l'acteur n'a pas démissionné tout à fait, on a donné, le mois dernier, une représentation à Samois, et, pour ce théâtre de village, Victor Margueritte, le frère de Paul, qui fut un poète avant d'être un soldat — il vient de donner sa démission, voulant se consacrer entièrement aux lettres — avait conçu une *Belle au Bois dormant*, une délicieuse bluette où l'émotion délicate ne souffre pas de la joaillerie des vers.

Pour l'histoire du petit village, dans la forêt de Fontainebleau, dont on ne connaissait jusqu'alors que la Tour, but de promenade, ce sont des documents pittoresques.

LA DEMI-LUNE

Chez FÉLICIEN ROPS

A LA

DEMI-LUNE DE MOULIN-GALANT

Par delà Corbeil dont la tour des Darblay historie curieusement le décor, par delà Essonnes que surmontent d'immenses cheminées de papeteries, eiffeliques briquetages toujours empanachés de fumée noire, on rencontre au long de la grande route nationale de Paris à Fontainebleau quelques maisons groupées au-dessus du chemin de fer, et, si l'on continue, un peu plus loin en un endroit dénommé *la Demi-Lune* (il y a des histoires de brigands dans la légende locale), à l'intersection du chemin d'Etampes, on trouve, dans les arbres, l'habitacle de Félicien Rops.

Des terrasses, des ponts, des contreforts, des arcs de soutènement, des sous-sols immenses — qui servent d'écurie — une bizarre agglomération de toutes sortes de pièces étagées en des détours multiples, c'est une très ancienne bâtisse que des paysans voisins se rappellent encore avoir vue en l'un de ses nombreux avatars, — en four à chaux. Merveilleusement située au sommet d'un coteau, elle domine toute la vallée de la Seine, Seine-Port, Mortsang, Corbeil, le ruban clair coulant sinueux entre les collines vertes bâties de châteaux entraperçus parmi les futaies des parcs. A travers la grande baie vitrée de la salle à manger, on jouit ainsi d'un horizon lointain, pittoresque et charmeur. Et puis, c'est gentil ce nom de Moulin-Galant, ce nom d'opéra-comique qui fait penser à d'anacréontiques ariettes de Monselet.

⁕⁕⁕

La tête d'un reître, mais l'expression franche, claire, fine, spirituelle, avec la jovialité un tantinet sensuelle du bon roi Henri, une jovialité grasse... comme les femmes de Rubens, l'homme est un aimable compagnon très jeune, malgré tous ses souvenirs et les extraordinaires aventures de sa vie ; en Belgique, dans les Flandres, en Hongrie, en Amérique, et à Saint-Malo, à SA plage, — il a acheté toute une plage il y a quelques années. Quand travaille-t-il ? la bibliographie de son œuvre est pourtant un fort gros volume.

Écrivain très original dont certaines lettres sont à citer, causeur attachant à la mémoire meublée d'anecdotes, styliste lapidaire comme en les légendes de ses *Sataniques*, c'est une des individualités les plus curieuses de ce temps.

Au Moulin-Galant, son atelier est, avant même l'habitation, dans une chaumine séparée, on y va par un escalier extérieur sous l'abri ombreux d'un grand arbre; des murs blanchis à la chaux et nus, des cartonniers par terre, sur une table un pupitre incliné avec à côté les outils de travail; dans un coin une presse, — et c'est tout.

A la campagne comme à Paris — se rappelle-t-on son grand atelier vide de la place Favart, en face l'inressuscitable Opéra-Comique ? — Rops ne sacrifie aucunement à l'élégance moderniste; il vit avec lui-même, seul avec son œuvre, et de ce manque de distraction pour l'œil il résulte une emprise plus complète du visiteur par les gravures qu'il admire; d'un carton ouvert sur deux chaises, voici tout le poème de la chair qui splendit, voici toute l'épopée génialement sadique qui se déroule; ce n'est pas ressasser que de parler de ces planches, car la popularité, Rops ne l'a jamais eue, il la dédaigne sans doute; son art est trop subtil, trop précieux, trop ingénieusement pervers pour être connu de la masse, le maître aquafortiste est avant tout un cérébral et à cause de cela n'appelle que l'admiration de quelques-uns seulement.

*
* *

Pourquoi Félicien Rops villégiature-t-il... au Moulin-Galant?

L'histoire est drôle, la voici telle qu'il me la conta : « J'étais fatigué de chercher tous les ans une maison d'été, et lorsque je vins au Moulin-Galant, ce fut avec l'intention sinon d'acheter, au moins de louer cette fois avec une promesse de vente ; ceci, qui était en ruines, mais dont la situation m'enthousiasmait, était cher : 12.000 francs ; j'y passai deux étés, et je souffrais déjà de peut-être le laisser échapper quand je reçus un jour la visite d'un inconnu :

— Pardonnez-moi de me présenter moi-même, me dit ce grave personnage ; je suis M. X..., notaire à Valenciennes, et viens vous faire une demande, indiscrète sans doute... Avez-vous besoin de 15.000 francs? Si oui, je les ai là dans mon portefeuille, et vous les laisse de suite.

— On a toujours besoin d'argent, mais... à quel titre ?...

— Voilà : je suis notaire, je vous l'ai confié, mais aussi grand collectionneur des Rops ; je m'aperçois que je suis volé par les intermédiaires, par les marchands, et alors je suis venu m'adresser à vous directement ; voici l'argent, vous me rembourserez quand vous voudrez...

— Je vais vous faire un reçu...

— Non, non, c'est inutile.

Et en trois ans, ajouta Rops, pour finir le récit de l'aventure, je me suis libéré en envoyant des planches nouvelles à ce tabellion extraordinaire.

Et voilà comment l'ancien four à chaux de la Demi-Lune, sur lequel on raconte des choses sinistres aux veillées d'hiver, est devenu, tout comme une maisonnette de Nogent ou de Joinville, un coquet ajoupa pour juillet, août, septembre ; installation confortable, meubles gais, « lits parisiens » comme s'appelle cette bizarre et élégante armoire truquée par un Robert-Houdin pratique, sorte de Larousse de chambre à coucher, où l'on trouve tout ; et aussi tableaux d'autrefois, paysages de jadis, dessus de portes pochadés avec maëstria par le maître du logis ; le jardin qui dévale vers la Seine est grand, il fournit des fruits et des fleurs ; Félicien Rops, qui fut millionnaire jadis et eut sans doute une écurie bien montée, se contente maintenant d'une simple carriole et d'un bon petit cheval pour aller à Corbeil, quelquefois même plus loin, à Champrosay et à l'Ermitage de Nadar ; menant sa bête qui trottine, il a ainsi l'air d'un militaire en retraite, le ruban rouge ajoute à la ressemblance ; mais — pour qui regarde bien, c'est Satan qui passe, avec son sourire grinçant, ses yeux qui fouillent et se moquent, sa moustache effilée et sa barbiche pointue, Satan menant du bout de son crayon la ronde du Sabbat, Satan historien-créateur des Amours diaboliques.

Ça sent le soufre à Moulin-Galant !

KERSAINT-EN-PLOUDALMEZEAU

Chez *JULES CHÉRET*

KERSAINT-EN-PLOUDALMEZEAU

La mer commence à être méchante et ses flots assombris par l'automne battent les rochers fantastiques de cette côte de Bretagne; quand l'eau se retire, une bonne senteur iodurée vient des goëmons, et l'atmosphère est saine de ce paysage farouche.

C'est plus loin que Brest, tout là-bas, à la fin de la France, un bourg inconnu où, sous la garde d'un vieux château démantelé, vivent en liberté des chevaux dans les prairies; les habitants, qui ne parlent pas français, sont d'une race de matelots, et ont, comme ceux de l'autre rive, en Angleterre, cette passion, l'ivresse ; ils se saoulent effroyablement avec des alcools de bois vendus dans les ports par des Allemands ; néanmoins des êtres doux, inoffensifs, rustres, des paysans de Millet, transplantés au bord de l'Océan.

L'autre matin, en juillet, il arriva à Kersaint-en-Ploudalmezeau une invasion stupéfiante de polichinelles, de clowns, de pierrettes, d'arlequins, de danseuses en costumes clairs tout pailletés de fantaisie, et cette troupe joyeuse agitait ses grelots, cognait des cymbales, secouait des castagnettes, jonglait avec des tambourins, lançait des confetti et des serpentins, jouait du violon et de la contrebasse, pirouettait dans un nuage de fleur et de poudre de riz, cascadait, s'embrassait, au grand esbaudissement des naturels de l'endroit, qui n'avaient jamais vu si gentes demoiselles et si gais damoiseaux, la mascarade en farandole virevoltait sans souci des autans, sans crainte de la rafale ; et les masques de théâtre, les faciès japonais faisaient la nique à l'Océan, se gaussaient de sa grosse voix terrible.

L'impresario de cette jeune et coquette troupe de roman comique, artiste parisien

qu'on s'étonne de rencontrer si loin du boulevard, a nom Jules Chéret.

Entêté de la Bretagne, l'affichiste célèbre maintenant, villégiature là-bas chaque été, et voulant la tranquillité, la solitude, ne se satisfait plus de Roscoff ou de Saint-Jacut, cherche des trous ignorés, trouve des lieux d'asile inédits. Cette année, il a inventé Kersaint-en-Ploudalmezeau, et c'est là qu'il a terminé les maquettes au pastel des panneaux et de la frise décorative qu'il a imaginés pour la villa du baron Vitta, à Évian.

Besnard, Chéret, Rodin, ce millionnaire choisit intelligemment les artistes qui doivent concourir à l'ornementation de sa demeure, sur le lac de Genève, et la tentative est trop moderniste pour que nous n'y applaudissions pas.

Comment Chéret a-t-il conçu la salle à manger qu'il est seul à orner de peintures ?

Sur une cimaise de bois, sobrement sculpté, blanc avec de menus filets d'or, une bande dorée sur laquelle se détacheront, puissamment ombrés, des masques accrochés à égale distance, puis, au-dessus, sans que les enclaves des portes et des fenêtres rompent la gradation du motif, l'éternelle frise caracolante de la comédie italienne — détaillée plus haut. Les gestes sont audacieux, désarticulés, les couleurs sont violentes, crues, mais prestigieusement harmonisées ; la palette, comme le sujet, est interrompue, allant des bleus et des mauves aux rouges infernaux et incendiaires. « C'est l'effet du ciel au moment du coucher du soleil, empourpré d'un côté, blond et pâle de l'autre. »

La gaieté des attitudes, l'imprévu des gambades se complètent de la fantaisie étincelante des tons, par endroits multicolores ainsi que sur les écharpes de la Loïe Fuller ; la séduction du premier aspect emprunte beaucoup de son attirance et de son charme au velouté fondu du pastel à cette poussière d'ailes de papillons, à ce délicieux moyen d'expression qui semble garder toujours un peu des souvenances de Watteau ou de Lancret, noms-étiquettes de la grâce maniérée du XVIIIe siècle.

Jules Chéret, lui aussi, il est un fidèle et sympathique historien de son temps, bien qu'il poétise le chahut exarcerbé des petites femmes rigolbochantes et qu'il embellisse les outranciers et lascifs déhanchements des amourousetés vicieuses.

Rops est le satirique et le philosophe d'une époque dont Chéret est simplement le poète, et le poète rieur : le fouet de l'un est pour l'autre tout bonnement une marotte ; aucune amertume, mais une épanouie expansion de vie, la folie insouciante sonnaillant ses grelots.

Pour le Musée du boulevard Montmartre, où il est entré après la mort de Grévin, Chéret a aussi sur le chevalet deux panneaux destinés au vestibule du grand escalier ; il y a dans les esquisses une séduisante promenade de danseuses, comme décalquées en perspective fuyante, qui est du plus heureux effet. Mais pour le détailler, il me faudrait me répéter, un seul mot suffit : « C'est du Chéret! » Nous comprenons bien cela, au boulevard, mais c'est inexplicable aux braves paysans de Kersaint-en-Ploudalmezeau (Finistère), qui voyaient tour à tour en escrimeur — la séance de fleuret est quotidienne — et en pastelliste, les crayons de couleurs aux doigts, ce Parisien de passage à l'allure distinguée, militaire, ce dessinateur au pays chimérique du Rêve et de la gaie fantaisie.

LE PUITS-AU-LOUP

Chez LOUISE ABBEMA

LE PUITS-AU-LOUP

Un rayon délicat vient caresser la terre,
Le fin croissant du soir dans le ciel violet
Baigne de la pâleur de son tremblant reflet
Les îles de Yado et la mer qui s'éclaire ;

Un parfum très subtil monte avec volupté
Des pâlissants iris et des pivoines roses.
Quel mystère charmant enveloppe les choses
En l'exquise douceur des belles nuits d'été !

Tout frissonne et se tait ; sous les brises très molles
Les pavots endormeurs effeuillent leurs corolles,
Qu'un souffle tendre et frais entraîne en voltigeant ;

Sur les bateaux légers aux frissonnantes voiles
La blonde Séléné fait pleuvoir des étoiles,
Et le Japon s'endort en un rêve d'argent.

Louise Abbema.

Ce sonnet, inédit, et intitulé : « Nuit

japonaise, éventail », est la plus jolie fantaisie poétique de cette fantaisiste charmante, Louise Abbema; le pinceau et l'ébauchoir peuvent se croiser maintenant dans son blason d'un petit bout de lyrette, et, ainsi combiné, elle le devrait faire sculpter sur la porte de son manoir champêtre du Puits-au-Loup.

Manoir est prétentieux, car c'est, au milieu du village de Plailly, dans l'Oise, une réunion de trois ou quatre corps de bâtiment groupés en une propriété terrienne de deux hectares; pas de style, mais un délicieux aspect de vraie campagne, avec des murs que décorent des glycines, avec des façons de granges qui sont devenues là un atelier, ici des chambres d'amis, avec des tonnelles exquises, arcades de vignes, avec un jardin aux allées de mousse, aux fouillis de branches, aux brassées de fleurs, avec de grands vergers qui semblent des Daubigny, avec des embroussaillements qui rappellent certains Pelouze à Cernay; et si, dans une

promenade aux alentours, on excursionne sur la colline jusqu'à de vieilles ruines de donjon, on a une vue superbe, l'horizon s'étendant jusqu'à Chantilly, jusqu'à Paris même, dont on est séparé par une heure de chemin de fer, la ligne du Nord traversant la laide banlieue de Saint-Denis, un pays noir à hautes cheminées d'usines, à maisons sales. La nature a bien combiné l'antithèse, car à Plailly, voisin de Mortefontaine, on oublie vite ce début du voyage, on est charmé par le site délicieux, tout fleuri de verdures, tout rubanné de fleurs.

* * *

Essentiellement parisienne, au point d'être heureuse de voir la tour Eiffel de son cinquième de la rue Laffitte, personnage reconnu des premières et des vernissages, Louise Abbema adore cependant la campagne, et passe ainsi tous ses étés, au Puits-au-Loup, en famille; ce n'est pas pour elle des mois de loisir, car c'est là qu'elle travaille en vue de son exposition annuelle chez Georges Petit, à ces petites toiles d'après nature, qui ont si heureusement renouvelé sa manière; elle continue aussi ce qu'elle appelle son « dictionnaire », c'est-à-dire des études de plantes, de fleurs, de motifs d'ornementation, dont elle a spirituellement échantillonné les murs de sa salle à manger rustique, en y ajoutant sur la porte le portrait de sa caniche Fatma.

C'est un art très séduisant que le sien, dans les teintes claires, un art féminin, qui du Chaplin de la fin s'est élevé à une grande sincérité, se poursuit et s'améliore par un admirable vouloir, par une énergie courageuse; il y a vingt ans déjà que s'est fondée la fameuse « Société du doigt dans l'œil », et l'on peut suivre dans la production d'Abbema le progrès continu, l'en-allée toujours plus avant, la marche vers le mieux; comme c'est lointain les premiers portraits, les éventails, les pointes sèches. L'œuvre, à cataloguer, serait nombreux maintenant.

Elle a sa place à part, et comme artiste et comme caractère ; car, dans notre époque de lutte acharnée pour la vie immédiate, de concurrence et de compromissions, elle ne manifeste aucune jalousie des confrères, se tient éloignée des intrigues, ne bataille pas au détriment du voisin, ne s'occupe que de son affaire, en toute sincérité, avec la volonté de toujours progresser ; — sa devise n'est-elle pas : « JE VEUX ? » Elle est restée des Champs-Élysées parce qu'elle en était, mais ne met à cela ni vanité pour l'ancien état de choses, ni aigreur contre le nouveau ; demeure en dehors des questions de boutiques, on l'apprécie également ici et là.

*
* *

On a souvent décrit son atelier de la rue Laffitte, une pittoresque installation égayée de japonaiseries et où se réunissent de jolies femmes de théâtre et du monde ; celui du Puits-au-Loup est moins connu et aussi moins élégant; un menuisier du pays a combiné dans le toit une fenêtre à vitrages, on a scié soi-même les poutres du plancher pour donner passage à un escalier de moulin, et c'est tout; à côté, un grenier qui fait suite est disposé comme une salle de spectacle, avec une scène exhaussée de quelques marches et des coulisses dans le fond; nous verrons peut-être quelque jour là-dedans d'amusantes fêtes dont on parlera à Plailly et ailleurs, si on inaugurait, lorsque Louise Abbema mettra un ruban rouge à la boutonnière de sa jaquette — Mme Demont-Breton lui a donné l'exemple, et c'était justice — il n'y a qu'à le suivre.

TABLE DES MATIÈRES

	Pages.
AVANT-PROPOS. — ÉTIOLLES.	1
CHAMPROSAY. — Alphonse Daudet	15
LA FRAISIÈRE. — François Coppée	27
VIROFLAY. — Jules Claretie.	41
BOISFLEURI. — André Theuriet	57
LES PIERREUX. — Victor Cherbuliez.	71
MÉDAN. — Émile Zola	85
MARLY-LE-ROI. — Victorien Sardou	99
SUCY-BONNEUIL. — Ludovic Halévy	113
LES PEUPLIERS. — Gustave Larroumet	127
NANTERRE. — Sarcey	139
GÉROFOSSE. — Aurélien Scholl	153
L'ERMITAGE. — Nadar	167
FONTENAY-SOUS-BOIS. — Hector Malot	181
LE CLOS SAINT-BLAISE. — Octave Mirbeau	197

	Pages.
Un Coin de Seine. — Stéphane Mallarmé. Les frères Margueritte.	211
La Demi-Lune. — Félicien Rops.	229
Kersaint-en-Ploudalmezeau. — Jules Chéret.	239
Le Puits-au-Loup. — Louise Abbéma.	249

IMPRIMERIE E. FLAMMARION, 26, RUE RACINE, PARIS.

www.ingramcontent.com/pod-product-compliance
Lightning Source LLC
Chambersburg PA
CBHW050335170426
43200CB00009BA/1604